# 出纳!从搞定收支入手

## 在情景中学记账、报表、资金票据管理

黄 玲　王丽丽◎著

人民邮电出版社

北 京

**图书在版编目（CIP）数据**

出纳！从搞定收支入手：在情景中学记账、报表、资金票据管理 / 黄玲，王丽丽著. -- 北京：人民邮电出版社，2023.8（2023.12重印）
ISBN 978-7-115-60222-0

Ⅰ. ①出… Ⅱ. ①黄… ②王… Ⅲ. ①出纳—基本知识 Ⅳ. ①F233

中国版本图书馆CIP数据核字(2022)第189218号

## 内 容 提 要

本书从出纳岗位的基础工作讲起，深入浅出地讲解出纳人员在实践中如何开展出纳工作。本书内容不但能帮助出纳人员掌握和提升工作技能，同时也能帮助会计人员、企业管理者加深对出纳岗位的认识。

本书分为15章，首先概括地介绍了出纳岗位工作前景及主要工作内容，使读者阅读后能对出纳岗位的工作内容有全面的了解和认识；然后对出纳岗位的工作内容进行详细讲解，包括如何管理现金、银行账户、银行票据及管理过程中需要注意的事项，印章、收据等的管理要点，收付款业务的流程以及特殊情况的处理，如何编制记账凭证、资金报表等内容，以帮助读者进一步掌握出纳岗位的工作方法。

本书内容通俗易懂、实用性强，适合出纳岗位的入门者、进阶者，及对出纳岗位感兴趣者阅读，同时也适合作为相关培训机构的教材。

◆ 著 黄 玲 王丽丽
责任编辑 陈楷荷
责任印制 周昇亮

◆ 人民邮电出版社出版发行 北京市丰台区成寿寺路 11 号
邮编 100164 电子邮件 315@ptpress.com.cn
网址 https://www.ptpress.com.cn
北京天宇星印刷厂印刷

◆ 开本：700×1000 1/16
印张：16 2023 年 8 月第 1 版
字数：278 千字 2023 年 12 月北京第 2 次印刷

定价：49.80 元

读者服务热线：(010)81055296 印装质量热线：(010)81055316
反盗版热线：(010)81055315
广告经营许可证：京东市监广登字 20170147 号

毕业后，踏入职场的第一天，我就开始从事出纳工作。彼时的我，脑子里除了在学校里学到的会计分录外，连原始凭证长什么样都不记得。看到交到面前的空白支票、空白收据，还有两本日记账，我脑子一片空白。那个时候学会计专业的人不是太多，同事们对会计专业毕业的我抱有极大的期望。

我在实际工作中确实遇到很多问题，而我似乎连开口问问老会计的勇气都没有，在学校里也根本没有学习过解决这些问题的方法。现在想想，如果当时有一本能把出纳实务讲清楚的书，我的出纳工作会顺利得多，我也会少走很多弯路。

四年的出纳工作经验，的确给我的会计生涯打下了扎实的基础。回忆那时的点点滴滴，碰过的壁还历历在目。如今，我回顾着做出纳的感受，把现在出纳人员在工作中可能会面临的各种情况进行了归纳总结，撰写了本书。读者如果能把本书作为工具书，在实际工作中遇到问题时，带着疑问来翻阅本书，就会加深对本书内容的理解。读者可以通过本书获得解决工作问题的思路，再结合企业实际状况，思考、制定、实施和复盘解决方案。

精读本书后，读者无须专业人士指导，也可成为优秀的出纳人员。祝读者朋友们能够学以致用，更好地学习和工作。

本书若有不足之处，欢迎读者朋友们批评指正，多多交流。另外，书中为了保护案例中相关人员的隐私，虚构了企业名称、银行账号、统一社会信用代码等，如有雷同，纯属巧合，敬请谅解。

## 本书特点

（1）全面系统。第 1 章～第 3 章介绍了出纳工作的框架，让读者对出纳工作能有全面的了解；第 4 章～第 7 章讲解了现金、银行账户、银行票据、其他实物等的管理要点；第 8 章～第 12 章介绍了收付款的流程要点；第 13 章～第 15 章介绍了记账凭证、账簿、资金报表的相关内容。

（2）落地性强。本书是理论知识与笔者多年实践经验的结合，笔者依据真实发生的经济业务，通过流程化的操作，使读者能够将理论与实践结合，更深层次地理解出纳岗位的工作要点，并迅速总结出工作技巧。

（3）流程性强。本书有关实践业务配有操作流程。笔者把大量复杂的理论转变成能在工作中直接应用的、简单的工具和方法，并把这些工具和方法可视化、流程化、步骤化、模板化，即便是初学者也能够快速上手开展工作。

## 内容介绍

本书从认识出纳工作讲起，由浅入深，逐步讲解出纳工作的具体操作，并配以操作流程，让读者可以系统地学习出纳工作的相关知识和操作方式，同时对出纳工作有更为深入的理解。

本书分为 15 章，涵盖的主要内容有认识出纳工作，开始开展出纳工作，现金、银行账户、银行票据、其他实物的管理，收付款业务，审核原始凭证，编制记账凭证，登记日记账，编制资金报表等。

本书内容通俗易懂、案例丰富、实用性强，特别适合出纳岗位的入门者和有志于提升出纳岗位工作技能的人员阅读，另外，本书也适合管理人员阅读和作为相关培训机构的教材。

## 读者对象

本书主要面向有志于或正在从事出纳岗位工作的人员，会计或财务人员，培训师或培训工作从业者、管理者，以及对企业出纳工作感兴趣的人群，本书是了解和从事出纳岗位工作的指导类图书，能够帮助读者了解和掌握出纳岗位工作方法。

本书以大量的流程、图表与分析，全面帮助读者学习出纳岗位工作的相关知识。

## 致谢

本书在张增强老师、任康磊老师的鼓励下，在刘萍、王慧娟、张莎莎、张蕊、张静、殷艺玮、矫荣华等会计师、税务师的支持下编撰完成。本书编撰过程中考虑到财务理论与实际业务的结合，实用性强、知识面宽，体现出集体创作的智慧。

黄玲

2022 年 9 月 28 日

# 目 录
▼

## 第 6 章　银行票据的管理要点

## 第 9 章 ● 如何管理原始凭证

# 延伸阅读

扫码即可观看
延伸阅读精讲内容

## 第 2 章 ● 如何交接出纳工作

# 第一章 从零开始认识出纳

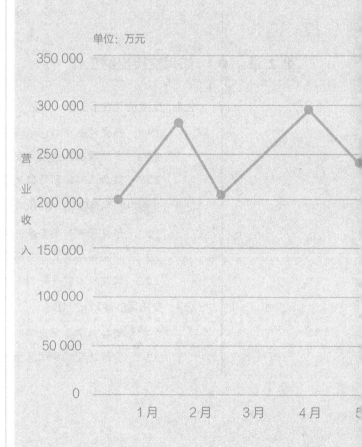

单位：万元

营业收入

月　　7月　　8月　　9月　　10月　　11月　　12月

间

出纳人员的主要工作内容是什么呢？有这样一句话："会计的嘴，出纳的腿。"很多人认为，出纳人员就是听会计指挥，负责跑跑银行、管管钱的人。这可真是外行看热闹，内行看门道。事实上，"跑跑银行、管管钱"在出纳人员的日常工作中只占据一小部分。

出纳人员除了这些"跑腿"工作，还需要做沟通工作，在很多情况下，出纳人员甚至是财务部门对外的"形象大使"。优秀的出纳人员，除了做好本职工作外，还需要不断地学习。

# 1.1 如何从出纳迈向CFO

万丈高楼平地起，打好基础，方能盖得高楼。出纳岗位是会计职业链条中最为基础的岗位之一，在做出纳岗位工作的阶段夯实会计基础知识和培养业务能力，能为成为行业精英奠定坚实的基础。

## 1.1.1 夯实财务工作，为何从出纳做起

无论是会计专业刚毕业的大学生，还是准备从其他行业转入财务行业的人员，都应从出纳岗位做起。有些人会认为，出纳工作内容太基础、没有技术含量，不如会计工作有技术含量、有发展前景。真的是这样吗？下面一起来看看，做出纳可以获得哪些提升。

### 1. 有利于打好财务知识基础

（1）出纳人员在工作中经常接触现金、银行存款、有价证券等货币资金，有助于加强对货币资金的认识、管理。

（2）出纳人员承担付款的工作，负责整个付款流程的最后一道程序，付款是重要的把关环节。出纳人员通过审核各种付款原始单据，判断业务的真实性和准确性，有助于对单据是否合规合法形成更清晰的认识。

随着接触原始单据次数的增多，出纳人员进一步加深了对国家政策法规及单位财务制度的理解，提升了辨别合规合法单据的能力，从而加强了对会计基础知识的理解和运用。

**2. 有利于培养良好的工作习惯**

（1）出纳人员负责保管单位的货币资金，需要做到日清月结。这就要求出纳人员在日常工作中，认真、仔细地办理收支业务。

（2）出纳人员还负责登记现金日记账和银行存款日记账，记账时要及时准确，避免出现错记、漏记等情形。

在各种出纳工作标准要求下，出纳人员就慢慢地养成了认真、仔细、谨慎、负责的工作习惯，这些习惯都是会计人员、CFO 必备的基础工作素养。

**3. 有利于积累人际关系**

（1）出纳人员经常需要去银行办理取款、存款等业务，长期和银行工作人员接触，很有可能与其建立人际关系。

当出纳人员所在工作单位需要融资、理财或者有其他业务需求时，这些人际关系就派上用场了；人们常说"熟人好办事儿"，在银行有个熟人，很多时候去银行办理业务或者咨询问题也会更便捷、效率更高。

（2）出纳人员有时候还需要去税务机关办理领购发票、报送资料等涉税业务，在办理业务的过程中会接触很多税务机关的工作人员。如果出纳人员与这些工作人员保持良好的沟通和联系，那么在不久的将来出纳人员都可能与其建立人际关系。

（3）出纳人员还可能去市场监督管理局或者其他单位办理业务，这些时候就是出纳人员培养人际关系的机会。

虽然出纳人员现在接触的人大部分是基层工作人员，但是基层工作人员在不断成长中，当这些人员成长为更有影响力的人后，就可能会成为出纳人员成长为会计人员、CFO 的极具竞争力的人际关系资源。

**4. 有利于提升沟通能力**

很多人说财务部门的特点是"门难进，脸难看，事难办，话难听"，出现这种情况主要是因为财务岗位原则性高、容错率低。例如，如果员工拿不符合所得税法规定的单据来报销，财务人员是报销，还是不报销呢？又如审批不到位，导致不能支付材料采购款，材料发不过来，企业可能会停产停线，那么在这么紧急的时刻该不该付款呢？

出纳人员遇到不符合规则的情况该怎么办？ 10.3.1 小节将介绍解决方式。

出纳人员去银行办理业务，会涉及与银行工作人员沟通的问题。沟通得好，办理业务的流程问清楚了，下一步办理业务就顺畅了；如果没沟通好，可能同一件事就需要多跑几趟银行。还有去税务机关办事，同样是锻炼、提升沟通能力的机会。

## 1.1.2 三个人的组织，为何也要配出纳

企业的日常经营活动中，财务部门主要工作之一就是管理企业流动性最强的资产——货币资金。通常企业经营需要使用现金、银行存款等货币资金，有些企业还需要使用有价证券等，企业为了管理这些资产，就需要配备财务人员。

财务人员如果既管理货币资金，又负责登记货币资金，就违反了"不相容职务相互分离"的内部控制制度的基本规则。所以财务人员至少要配备两人，一个人负责登记账务，另一个人负责保管货币资金，这个人就是出纳人员。

企业可以根据出纳的工作量，配备适量的出纳人员。表 1-1 所示为出纳人员配置情况。

**表 1-1　出纳人员配置情况**

| 序号 | 出纳工作量 | 人员配备方式 | 备注 |
|---|---|---|---|
| 1 | 较大 | 多人一岗 | 适用于集团企业、连锁企业等大型企业。这些企业普遍资金业务量大，需要配备多人来负责出纳工作。例如，有的企业将出纳岗位进一步细分为现金收款岗位、现金付款岗位、银行收款岗位、银行付款岗位；有的企业，根据银行账户数量配置出纳人员，每个出纳人员分别掌管一定数量的银行账户 |
| 2 | 一般 | 一人一岗 | 适用于一般企业。可以设置一名专职的出纳人员，专职负责出纳工作 |
| 3 | 较小 | 一人多岗 | 适用于规模比较小的企业。由于出纳工作量小，可由其他岗位的人员来兼任出纳岗位，但兼任出纳岗位的人员不能同时兼任记账会计等岗位 |

企业配备出纳人员的主要原因如下。

**1. 保证资金的安全完整**

出纳人员主要通过以下几个方面，来保证资金的安全完整。

（1）出纳人员根据国家政策法规、单位规章制度的要求并结合自身的专业素养，对现金、银行存款、有价证券等进行保管。

（2）出纳人员负责对付款的最后一道程序把关，通过审核单据合规性、相关合同内容、审批流程完整性等，来保证付款的安全性，有时候甚至可以起到预防违法乱纪行为和经济犯罪行为发生的作用。

（3）出纳人员每天登记现金日记账和银行存款日记账，并核对资金余额是否账实相符，如果不符需要立即查找原因，这样既监督了资金的收付，又保证了企业资产的安全完整。

**2. 提供经营决策依据**

（1）出纳人员每天汇报资金日报表，可以为企业管理层经营决策提供数据支持。

（2）出纳人员根据收款、付款情况，编制简单的资金预算表，可以为企业融资提供数据依据，同时可以帮助企业规避资金短缺的风险。

### 1.1.3　出纳有大发展，如何提前做规划

图1-1是某上市企业的会计岗位设置情况，从图中可以看出该上市企业的会计岗位分工很细，不同的会计人员承担着不同的职责，会计人员需要轮遍所有的会计岗位，才能全面地了解企业所有的会计业务。

经营规模较小的企业的人员分工没有这么细，往往一人多岗，出纳人员需要承担多种类型的工作，工作范围会比较大，接触的业务面也会广很多。

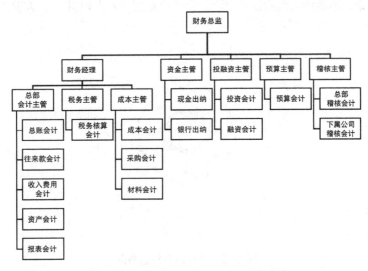

**图1-1　某上市企业会计岗位设置情况**

会计岗位这么多，出纳人员应该朝着哪个方向发展呢？表1-2列举了该上市企业部分会计主管的岗位职责。

表1-2　某上市企业部分会计主管的岗位职责

| 序号 | 岗位 | 岗位职责 |
|---|---|---|
| 1 | 财务总监 | （1）制定企业的财务制度<br>（2）融资管理，筹集资金并审核资金的流向<br>（3）管理、领导企业的财务工作，定期开展考核工作<br>（4）财务分析与预测，并提出改进建议<br>…… |
| 2 | 财务经理 | （1）制订企业的财务计划<br>（2）编制企业的财务预算，控制企业成本<br>（3）管理企业的会计核算，确保会计核算准确<br>…… |
| 3 | 资金主管 | （1）制定现金管理制度和支票使用制度<br>（2）负责资金运作的管理和操作<br>（3）定期检查现金库存情况<br>…… |
| 4 | …… | …… |

这些会计主管岗位工作内容有很大区别，但基本的素质要求是工作勤奋、有成长型思维、不断学习而后提升自己。会计职业规划方向如图1-2所示。

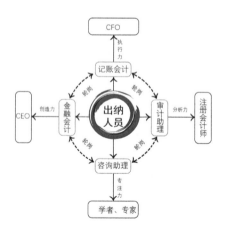

**图1-2　会计职业规划方向**

那么如何实现这些职业规划呢？

"一口吃不成一个胖子"，会计职业规划不可心急。作为刚入职场的出纳人员，如果有幸进入大企业，可以把握住机会多多轮岗，开阔眼界，打好基础后再根据自己的特点决定职业发展方向；如果进入规模较小的企业，有机会承担更多工作内容，接触更广泛的业务，对于提升自身技能很有帮助。

执行力强的出纳人员可追求"职业高度"，向 CFO 的方向发展；头脑灵活、富有创造力的出纳人员可追求"职业宽度"，朝 CEO 的方向努力；专注力强、热衷于本领域研究的出纳人员可追求"职业深度"，成为会计界的学者、专家；善于分析的出纳人员可不断提升自己，争取成为一名注册会计师，这也是非常好的职业发展方向。

## 1.2　企业为何要找知根知底的人做出纳

出纳人员掌握着企业流动性最强的资产——货币资金。货币资金中的现金用途多、无记名、不易保管，十分容易被贪污、偷盗、挪用等。

如果企业在内控管理流程和规则的设计、执行上，还有待改进，就需要招聘一个信得过的出纳人员。所以很多中小企业，更愿意找知根知底的人来任职出纳岗位。

### 1.2.1　为何说出纳是"血库"管理员

当前国内外经济发展面临着各种新的挑战，在这种形势下，企业要想稳健发展，充足的资金是一个非常重要的前提条件。

人们常说："一个企业长期亏损，不一定会倒闭，但是如果资金链断了，那么企业很可能就会倒闭。"由此可见资金是企业生存和发展的基础，是企业的"血液"，如果企业没有"血液"了，企业就难以生存下去；如果企业的"血液"流通不顺畅了，企业就会出现问题。

资金运动贯穿企业生产经营的各个环节，企业只有保持充沛的资金，才能对内疏通各个流程，对外建立与供货商等的连接。

企业的发展是动态的、持续的，其对资金的需求是源源不断的，每时每刻都离不开资金的支持。企业对内需要支付员工工资、福利费等，对外需要支付材料款、设备款等。

企业如果出现资金紧缺的情况，可能无法按时支付材料采购款，那么企业的生产线就可能由于缺乏材料停产，无法生产出新的产品，进而企业没有销售收入，就更不存在销售回款了。这种情况下，如果没有新的资金注入，企业就面临倒闭的风险。

所以，企业只有时刻保证资金流通顺畅，才能持续发展，形成资金流和生产的良性循环。而出纳人员在这个过程中担任着保管资金、汇报资金流向、监督资金使用等职责，所以说出纳人员是"血库"管理员。

## 1.2.2 为何老板只用你当出纳

出纳人员往往有机会接触企业的秘密信息。企业只要对外付款，就必须经过出纳人员，比如企业投资了一家新公司、新买了一块地、进口了一台新设备等，出纳人员甚至比记账会计都先知道。出纳人员通过收款，还能了解企业的客户名单等信息。

出纳人员往往能够有机会接触企业的采购来源、销售渠道等事关企业重要商业秘密的信息。出纳人员通过办理收付款结算业务，了解的商业信息远远不止这些，而这些信息对企业来说非常重要。

出纳人员如此重要，那么出纳人员应该具备哪些素质呢？表1-3列出了出纳人员应具备的一些主要素质。

表 1-3　出纳人员应具备的主要素质

| 序号 | 素质要求 | 具体条件 | | 内容说明 |
|---|---|---|---|---|
| 1 | 业务素质 | 办公软件 | Excel | 掌握办公软件，最好能达到熟练的程度，这样可以提高工作效率 |
| 2 | | | Word | |
| 3 | | | PowerPoint | |
| 4 | | 业务技能 | 辨别钞票真伪 | 勤学苦练，不断提升自身专业素养 |
| 5 | | | 点钞 | |
| 6 | | | 键盘盲打 | |
| 7 | | | 掌握财务相关知识 | |
| 8 | 道德素质 | 工作作风 | 爱岗敬业 | 热爱本职工作，对工作认真负责、尽心尽力、尽职尽责 |
| 9 | | | 客观公正 | 实事求是，有大局观念，不偏不倚，保持独立性 |
| 10 | | | 做好服务 | 拥有服务意识，不断提高服务质量 |
| 11 | | | 诚实守信 | 诚实正直，言出必行，有始有终，不油嘴滑舌，不弄虚作假 |

续表

| 序号 | 素质要求 | 具体条件 | | 内容说明 |
|---|---|---|---|---|
| 12 | 道德素质 | 工作作风 | 廉洁自律 | 不侵占企业一分一毛，公私分明 |
| 13 | | | 坚守原则 | 自觉抵制不良作风 |
| 14 | | | 准确提供信息 | 真实、准确、完整地提供会计信息 |
| 15 | | | 及时完成工作 | 提前或者按时完成工作，不拖沓 |
| 16 | | | 保持沟通 | 工作成果，及时汇报；遇到问题，沟通解决 |
| 17 | | | 情绪稳定 | 保持稳定情绪，避免情绪化及传播负能量 |
| 18 | | 安全意识 | 管好嘴 | 要有保密意识，不被利益诱惑，对于知晓的本单位商业信息不擅自透露给本单位非相关人员或外界人员 |
| 19 | | | 管好物 | 保管好钥匙、密码、支付U盾、银行对账单、银行回单等 |
| 20 | | | 管好钱 | 管理好货币、有价证券等，做到日清月结 |
| 21 | | 法律意识 | 遵纪守法 | 熟悉国家法律、法规和企业的财务管理制度，知法懂法，依法办事 |

# 第 2 章

# 迈开出纳的第一步

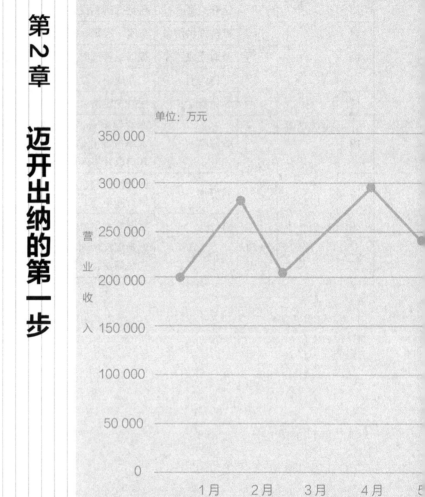

7月　　8月　　9月　　10月　　11月　　12月

间

"万事开头难"，其难在思想的解放上，难在对新事物不了解而产生的恐慌上。在决定从事出纳工作时，如何放下思想负担，迈开第一步，就是本章所要阐述的内容。

# 2.1 出纳工作的 3 个意识

出纳岗位的工作难度并不高，但是要保质保量地完成出纳工作，首先需要从意识形态上做好准备。

## 2.1.1 出纳不能不懂法——法律意识

知法懂法，才能守法。出纳人员是货币资金的保管人，而货币资金是企业流动性最强的资产，尤其是现金。

记得刚毕业那年，我与在银行工作的同学私下聊天。在聊到工作时，她告诉我，她每天要数很多钞票。在我开了一句"能够天天数钱，该多开心"的玩笑时，她似乎有点遗憾地说道："那么多钱又不是我的。"我认真地问她："那你有没有冲动想抓一把放兜里？"她告诉我："我视金钱为粪土，所以我点钱时心里默念：'粪土，粪土，又一堆粪土'。"

可见，人在面对大量金钱时，有可能冒出一些"奇怪"的想法。出纳人员不但要克制自己的冲动，更要了解基本的法律常识，在工作中自觉按照相应的法律法规和规章制度来进行操作。表 2-1 中列举了出纳工作中会涉及的一些法律法规和规章制度，以帮助大家知法、懂法、守法。

表 2-1 出纳工作常用法律法规及规章制度

| 序号 | 法律法规及规章制度 | 实施时间 | 主要内容 |
|---|---|---|---|
| 1 | 中华人民共和国会计法 | 2000 年 7 月 1 日 | 规范会计行为、保证会计资料真实完整、加强经济及财务管理、提高经济效益和维护社会主义市场经济秩序 |
| 2 | 会计基础工作规范 | 1996 年 6 月 17 日 | 加强会计基础工作、建立规范的会计工作秩序的建立、提高会计工作水平 |

续表

| 序号 | 法律法规及规章制度 | 实施时间 | 主要内容 |
|---|---|---|---|
| 3 | 会计档案管理办法 | 2016 年 1 月 1 日 | 加强会计档案管理、有效保护和利用会计档案等 |
| 4 | 现金管理暂行条例 | 1988 年 10 月 1 日 | 改善现金管理、促进商品生产和流通、加强对社会经济活动的监督等 |
| 5 | 人民币银行结算账户管理办法 | 2003 年 9 月 1 日 | 人民币银行结算账户的开立和使用、加强银行结算账户的管理、维护经济金融秩序稳定等 |
| 6 | 支付结算办法 | 1997 年 12 月 1 日 | 支付结算行为、保障支付结算活动中当事人的合法权益、加速资金周转和商品流通以促进社会主义市场经济的发展 |
| 7 | 中华人民共和国票据法 | 1996 年 1 月 1 日 | 规范票据行为、保障票据活动中当事人的合法权益、维护社会经济秩序以促进社会主义市场经济的发展 |
| 8 | 中华人民共和国发票管理办法 | 1993 年 12 月 12 日 | 加强发票管理和财务监督、保障国家税收收入和维护经济秩序 |
| 9 | 中华人民共和国刑法 | 1980 年 1 月 1 日 | 惩罚犯罪行为，保护人民 |
| 10 | 企业会计准则——应用指南 | 2007 年 1 月 1 日 | 阐释《企业会计准则》，对会计科目和主要账务处理做出规定 |
| 11 | 小企业会计准则 | 2013 年 1 月 1 日 | 规范小企业会计确认、计量和报告行为 |
| 12 | 企业财务会计报告条例 | 2001 年 1 月 1 日 | 保障企业财务会计报告的真实、完整 |
| 13 | 总会计师条例 | 1990 年 12 月 31 日 | 确定总会计师的职权和地位，发挥总会计师在加强经济管理、提高经济效益中的作用 |
| 14 | 就职企业的财务管理制度 | 参照单位具体情况 | 需要遵守的财务岗位职责 |
| 15 | 就职企业报销制度等 | | |
| 16 | …… | …… | …… |

## 2.1.2　出纳付款听谁的——原则意识

出纳岗位，属于单位的基层岗位。基层岗位的出纳人员在日常事务中，总是处于被要求的状态，例如老板要求提取现金，业务经理要求开支票，上级财务主管要求报销，同事要求预支款项，记账会计要求支付税款，人力资源要求支付保险、住房公积金等。

但是基层岗位责任重大，绝不能小瞧了出纳岗位的重要性。出纳工作如何干、听谁的，需要出纳人员具有原则意识。

在我做注册会计师业务时，曾经在一次审计现场，看到在财务科没有办理手续的情况下，出纳人员向一个人转款 3 万元。出纳人员告诉我，此人是持股最多的股东，经常来提款，拿钱干什么也不知道。我问手续不全怎么办？出纳人员告诉我，企业都是股东的，他说钱怎么花就应该怎么花。

在这笔业务中，出纳人员显然认为股东的命令就是"付款原则"。下面先来看看资产负债表简表的构成，如表 2-2 所示。

**表 2-2　资产负债表简表**

单位：万元

| 序号 | 资产 | 金额 | 序号 | 负债和所有者权益（或股东权益） | 金额 |
|---|---|---|---|---|---|
| 1 | 流动资产 | 100 | 1 | 流动负债 | 260 |
| 2 | 非流动资产 | 300 | 2 | 非流动负债 | 90 |
| 3 | 资产总计 | 400 | 3 | 所有者权益（或股东权益） | 50 |
| | | | 4 | 负债和所有者权益（或股东权益）总计 | 400 |

资产总计 = 流动资产 + 非流动资产。

负债和所有者权益（或股东权益）总计 = 流动负债 + 非流动负债 + 所有者权益（或股东权益）。

资产总计 = 负债和所有者权益（或股东权益）总计。

那么，所有者权益（或股东权益）= 资产总计 – 负债 = 流动资产 + 非流动资产 – 流动负债 – 非流动负债。也就是说扣掉负债之后的这部分企业资产，才是股东可以支配的资产，而且这种支配还需要完成一定的法律手续。

明白了企业资产归属问题，出纳人员在付款时，就能避免产生"企业的所有资产都是股东的，股东想怎么用就怎么用"的错误想法，真正了解到企业资产不是只属于股东的，而是股东和债权人共同所有的。为了维护相关人员的权益，出纳人员在付款时"该听谁"的答案就出来了：股东在动用企业资产时，也需要按企业的支付流程规则办理手续。

因此当出纳人员遇到付款流程不符合规定的情况时，就要坚持原则，不予付款。

出纳人员坚持原则而不得罪对方，让对方能够接受并执行要求，是有小窍门的，那就是主动向对方做好沟通解释的工作，获得他们的理解，同时给对方提供解决问题的建议。企业也应对员工进行相关培训，把培训的工作做在前面，这样可以减少出纳人员陷入两难境地情况的发生。

## 2.1.3　出纳马虎要不得——准确意识

货币资金的重要性不言而喻，而出纳人员又掌管着企业的货币资金。货币资金的管理可以说是"丁是丁，卯是卯"，不能多一分也不能少一分，所以出纳岗位的容错率是非常低的，必须做到账实相符。这就要求出纳人员在办理收付款结算业务时，不能马虎大意，要有准确意识。

2021 年的某天，出纳人员在办理一笔 10 万元的电汇业务时，多输入了一个"0"，结果划走了 100 万元，而次日会计主管要求出纳人员报送现金日报表时，才发现了这个情况。

如果出纳人员工作马虎大意，收付款结算业务出现差错，则可能发生以下情况。

（1）付款错误，给企业带来重大损失，出纳人员被追究经济赔偿责任。如上例中，这笔款项若追不回来，出纳人员则面临着重大经济赔偿。

（2）编制的资金报表出现错误，导致管理者做出错误的经营决策，贻误商机，使企业错失大好的发展机会。

（3）账实不符，出纳人员需要额外花时间来寻找差错，不但影响其他会计人员的工作进度，还可能影响个人的绩效考核和晋升。

所以说，出纳工作是容不得丝毫马虎的。出纳人员要提高准确意识，可以从以下几个方面做起。

（1）主观上要重视。出纳人员应该从主观上提醒自己工作时要认真、仔细，避免出现错误。

（2）工作时要多检查。收付款前，出纳人员应仔细核对单据，当面清点好现金或票据。有的出纳人员觉得当面点钱不好意思，或者会觉得这样显得不信任对方，如果出现这种思想，要尽早摒弃，因为当面确认收款是出纳人员的职责，当然为了避免尴尬，出纳人员可以在清点前告诉对方"我点钱，需要花费一点儿时间，请您稍等一下"。

（3）请其他会计人员复核。有时候出纳人员犯了错，很难自己找到原因，那就可以寻求其他会计人员的帮助。企业在内控管理程序上，也可以设置由其他会计人员主动复核出纳人员的工作的机制。在出纳人员工作被其他会计人员复核时，出纳人员不要因为自己被检查有负面情绪，实际上由其他会计人员进行复核，不但可以减少客观差错的发生，而且也可以确保企业财产不受损失，同时可以减少出纳人员查找差错的时间。

（4）制作工作内容小贴士。对于容易出错的地方，出纳人员应整理、制作出小贴士，贴在工作场所醒目的地方，起到提示的作用。

（5）熟悉岗位相关规章制度及业务流程。其实有时候出纳人员马虎，是因为对规章制度、业务流程学习不到位，所以要加强这方面的学习。出纳人员可以参照上面的第 4 条，张贴工作小贴士，做完相关工作后，核对是否遵守了相关的制度，应该进行的流程是否都已经执行到位。

（6）精神要集中。出纳人员应保证充足的睡眠，上班的时候精神要集中，在做单笔收付结算业务时，要专心处理这项业务，不要去想之前或之后要处理的其他业务。

## 2.2　如何保障出纳工作的状态

出纳人员保持良好的工作状态非常重要，不但可以防止出现差错，还可以养成良好的工作习惯，为未来的职场晋升夯实基础。出纳人员可以从提高服务意识、沟通意识、及时意识的方面，来保障自身有一个良好的工作状态。

### 2.2.1　出纳也能交朋友——服务意识

在出纳人员提供的所有服务中，付款结算业务占据着很大的一部分，也是最容易与他人产生矛盾的工作内容。为什么这样说呢？因为，如果企业的付款流程不完善，或者流程完善但是相关人员未执行到位，那么出纳人员在执行付款流程的最后一步时，发现了不合规的现象，这时候出纳人员如果坚持原则，就会触碰这些人的利益，进而有可能产生矛盾，那么该如何减少这种情况的发生呢？

出纳人员要以服务的心态做好本职工作，提高服务意识。

**1. 事前服务——做好准备工作**

由于收付结算业务涉及很多财务知识，因此对于非财务专业的人员来说，理解起来比较困难，进而导致流程不能执行到位。出纳人员可以从以下几个方面为非财务人员提供服务。

（1）分清轻重缓急，主动向管理者汇报工作，宣传财经法规及企业财务制度，提高管理者的财务合规性意识，并争取管理者对出纳人员工作的支持。

（2）与各部门保持良好的沟通，当面了解有哪些特殊情况，如果在现有的流程及制度中没有处理方案，那么应提前根据这些特殊情况制订好流程、制度。

（3）定期为企业人员提供培训服务，内容不需要大而全，时间也不需要太久，只需要针对大家普遍出现的错误进行培训。

（4）讲解并在显要位置张贴付款、票据粘贴方式等与企业人员普遍相关、使用频率高的财务小知识。

**2. 事中服务——讲究工作方法**

（1）表情管理。态度和蔼、面带微笑，获得对方的理解和配合。

（2）语气管理。说话和气是非常重要的，说话时的语言组织应展示出"对事不对人"的态度。可常去银行、商超观察柜员或售货员的说话态度和语气。

（3）指明方法。应告诉对方解决问题的方法，如以"你的会议费发票缺少会议证明"，代替"你的发票不合规"；以"我现在手里现金不够，不能给你报销，我明天去取款，你可以明天下午过来报销"，代替"我现在没钱，你回去吧"。如果遇到特殊情况，当时没有想到解决办法，可告诉对方落实情况后会及时告知处理方式，具体可参考 10.3.1 小节内容。

**3. 事后服务——归纳总结和改善**

（1）出纳人员负责付款流程的最后一个环节，对于整个流程执行情况是最清楚的，很容易发现流程执行中的问题，出纳人员及时总结问题并向领导汇报，有助于快速完善企业的流程。

（2）对于企业人员在流程中出现的新问题，可以对相关人员进行培训以帮助其解决问题。

## 2.2.2 勤于交流利工作——沟通意识

良好的沟通有利于工作的顺利开展，出纳人员的沟通包括对外沟通和对内沟通两种。

对外沟通，主要是指出纳人员和外部机构的沟通，例如银行、税务机关、社保局等企事业单位。与这些企事业单位良好地沟通，一方面有助于企业获得这些企事业单位的支持和协助，帮助出纳人员顺利开展工作，另一方面有助于展现企业良好风貌以及出纳人员个人的礼仪风度。

对内沟通，主要是指出纳人员与管理层、财务人员以及其他非财务人员的沟通。沟通的对象不同，采取的沟通方式也就不同。

**1. 与管理层的沟通**

（1）出纳人员应主动编制资金报表给管理者。企业老板以及财务部门负责人等相关人员普遍都非常关心企业的资金情况，他们经常会问出纳人员"账上有多少钱"，所以，出纳人员应主动汇报资金情况，为他们做经营决策提供资金数据依据。

（2）经常向管理者宣传国家政策法规等相关知识，以潜移默化的方式帮助管理者以身作则、照章办事，减少"模糊审批"的出现；同时帮助管理者重视财务工作、支持财务工作。

（3）向财务部门负责人汇报工作中出现的不合规问题，并尽可能提出解决方法，帮助企业完善规章制度。

**2. 与财务人员的沟通**

（1）工作中遇到不懂的业务，要主动去请教，不要不懂装懂，导致问题越来越多。

（2）在做财务人员安排的工作时，要主动向安排人员汇报进度；如果在工作中遇到困难，经过思考后仍旧无法解决，应及时寻求他人的帮助。

（3）对于财务人员指出的错误，应虚心接受，并予以改正，若有不明白的地方，要主动询问。

**3. 与其他非财务人员的沟通**

（1）沟通中，尽量不要使用会计方面的专业术语，要说大白话，让对方能听懂、能理解。

（2）态度要和蔼，设身处地为对方着想，给予对方解决方式，而不是冷冰冰地说一句"这事儿不符合财务制度的规定"，这时候，最好面带微笑告诉对方到底是什么地方不符合规定，是需要补充其他证明资料，还是发票开具有误，或者其他情况，尽可能详细地告诉对方如何去更正。

（3）经常到各部门走动、与各部门人员沟通，保持良好的部门间关系，宣传财务知识，加强非财务人员对财务知识的了解。

### 2.2.3　拖延引起大损失——及时意识

出纳人员的工作多且杂，其中很多工作都需要在规定的时间内完成，如果完不成，可能会给企业带来损失。

根据出纳人员服务的对象不同，将出纳人员的工作分为两种，即对内工作和对外工作。

（1）出纳人员需要在规定时间内完成对内工作，主要有表 2-3 所示的几种工作内容。

表 2-3　对内工作

| 序号 | 工作内容 | 未及时完成会产生的影响 |
| --- | --- | --- |
| 1 | 现金日清月结 | 1.如果不能做到日清月结、及时登记日记账，一旦账实不符，需要耗费更多时间和精力去查找差错产生的原因，必然影响其他工作进度 |
| 2 | 登记日记账 | 2.影响账簿数据的真实性，管理层以此数据为参考，可能会做出错误的决策 |
| 3 | 支付工资 | 企业的工资发放日期一般是固定的，如果延期了，会造成人心不稳，可能影响企业的正常运转 |
| 4 | 传递凭证 | 向其他会计人员传递凭证不及时，可能导致成本、费用未及时入账，企业多交税款；或者往来账款分析不准确，导致坏账率增高 |
| 5 | 报销 | 如果拖延，可能与报销人产生矛盾，进而影响部门间的关系，不利于企业经营及出纳人员后期开展工作 |

（2）出纳人员需要在规定时间内完成对外工作，主要有表 2-4 所示的几种工作内容。

表2-4 对外工作

| 序号 | 机构 | 工作内容 | 未及时完成会产生的影响 |
|---|---|---|---|
| 1 | 税务部门 | 领购发票 | 企业无法开具发票，购买方可能以此为理由不支付货款，导致企业不能收到货款 |
| 2 | | 防伪税控系统升级维护 | |
| 3 | | 申请减免税优惠 | 如果超出申请期限，企业无法享受优惠政策，就需要多缴纳税款 |
| 4 | | 申报纳税 | 1.延期申报，需要去税务大厅办理，需要额外花费时间<br>2.税款未及时缴纳，会产生滞纳金，企业的纳税信用等级会下降 |
| 5 | 市场监督管理部门 | 工商年报 | 未及时申报，企业会被列入异常经营名单，影响企业今后的贷款、招投标等 |
| 6 | 社保部门 | 社保基数申报 | 未及时申报，会影响员工社保的缴纳 |
| 7 | 银行 | 票据到期，提示付款 | 未及时办理提示付款，企业无法收到该笔资金，影响企业的资金流 |
| 8 | | 偿还银行贷款 | 1.产生罚息<br>2.企业征信报告上会留下不良信用记录，影响今后的贷款<br>3.企业可能被列入失信被执行名单 |
| 9 | | 转账 | 1.支付货款不及时，会影响对方发货的时间，进而影响企业的经营<br>2.未及时缴纳社保、住房公积金、税款等，会产生滞纳金<br>3.未及时缴纳车辆保险、雇主责任险，一旦发生事故，企业将面临巨额赔偿 |
| 10 | | 库存现金存入银行 | 库存现金超过限额，不及时存入银行，后期如果发生现金被盗，出纳人员需要进行赔偿 |
| 11 | | 打印银行回单及对账单 | 打印超过一定期限的单据，需要额外支付费用 |
| 12 | 其他机构 | 申请政府补贴 | 逾期，则无法享受政府补贴，企业就损失了这方面的政府补贴 |
| 13 | …… | …… | …… |

（3）为了减少表 2-3 至表 2-4 所示的几种拖延情况的发生，表 2-5 提供了几个解决方法。

**表 2-5　出纳岗位工作及时完成的方法**

| 序号 | 内容 | 方法 |
|---|---|---|
| 1 | 做计划 | 把事情分为重要且紧急、重要不紧急、紧急不重要、不紧急不重要四种类型，做好每日、每周、每月、每年的工作计划，并及时进行更新，添加新的工作，删减不需要做的工作 |
| 2 | 借助他人力量 | 可以请同事帮忙提醒 |
| 3 | 借助社群力量 | 现在很多企事业单位有微信群、钉钉群、QQ 群等，加入这些群，往往会有相关人员督促进行相关工作，而且相关人员还可以指导工作 |
| 4 | 留意各种通知 | 去税务机关、银行等单位或者登录网站、查看公众号等，留意发布的通知，特别是办事时间的通知，仔细阅读，回到企业后，根据通知内容，调整工作完成时间 |

# 第 3 章   走进出纳的工作

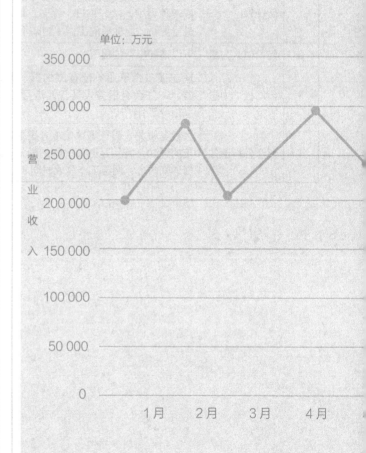

7月  8月  9月  10月  11月  12月

间

在开始做出纳工作前，要对出纳工作有个初步的认识。出纳应该做些什么工作，应该在什么时候去做，这是本章要讲解的内容。

## 3.1 出纳工作内容与职责

出纳人员的工作很烦琐，对于新手出纳来说，很难找出头绪。这里做了一些分类，出纳人员在实际工作中，可以参照本节的内容来理顺工作。

### 3.1.1 每日的工作安排与职责表

出纳人员如何安排每日的工作，可参照表 3-1 所示的内容。

**表 3-1　出纳人员每日工作安排表**

| 时间 | 工作重点 | 工作内容 |
|------|----------|----------|
| 工作前的准备 | 1. 查看完整性 | 查看保险柜、抽屉、档案柜是否完好，是否存在被他人打开的痕迹 |
| | 2. 清点实物 | 清点保险柜里的现金、票据、有价证券、贵重物品、印章、网银证书、收据等是否安全完整 |
| | 3. 查看计算机 | 查看计算机是否存在被他人使用的痕迹 |
| | 4. 确定资金计划 | 向领导请示当天的资金计划 |
| | 5. 完善当天工作计划 | 完善当天工作计划，分清轻重缓急，合理安排时间 |
| 日常工作 | 1. 库存现金的管理 | 每天早上根据库存现金、用款计划等要求确定是否需要提取现金 |
| | | 根据日常开支水平，准备好零钱 |
| | | 下午 3 点左右，查看库存现金是否超出备用金限额，超出部分需要送存银行（这里说的时间可根据开户银行对公业务结束时间及单位与银行的距离来设定） |
| | | 对于现金收款，开具收据 |
| | | 按照单位规定办理现金收付业务 |
| | 2. 银行存款的管理 | 每天早上查看银行存款余额，根据资金计划，划转不同银行账户间的存款 |
| | | 去银行存款、取款时，可以一并把银行回单、对账单等银行单据取回 |

续表

| 时间 | 工作重点 | 工作内容 |
|---|---|---|
| 日常工作 | 2.银行存款的管理 | 根据银行收款金额,编制销售回款登记表,编制的工具有 ERP、OA、Excel 等 |
| | | 根据付款审批单付款 |
| | | 查看是否有贷款到期,如有到期的,应及时去银行办理 |
| | | 办理支票、汇票、本票等业务 |
| | | 按照单位规定办理银行结算业务 |
| | 3.办理有价证券 | 查看是否有承兑汇票或其他银行票据到期,如有,需要去银行办理 |
| | 4.报销 | 按照国家财经法规及单位规章制度进行各种费用的报销 |
| | 5.编制凭证(有些单位对出纳岗位无此要求) | 根据审核无误的原始凭证及收付审批手续,填写记账凭证,并交给相关财务人员 |
| | 6.登记账本 | 根据记账凭证,登记现金日记账及银行存款日记账 |
| | 7.处理其他工作 | — |
| 下班前 30 分钟内 | 1.清查现金 | 将现金与现金日记账核对,如存在差异,应找出原因,并做出调整 |
| | 2.核对银行账户余额 | 查询银行账户余额,与银行存款日记账核对,如有差异,应做出调整 |
| | 3.清点票据和有价证券 | 清点票据后,与票据台账核对,如有差异,应做出调整 |
| | 4.编制记账凭证 | 当天收到的单据,确认是否已经编制好记账凭证 |
| | 5.传递单据 | 按照单位内部管理的规定,将单据及时递交给相关财务人员 |
| | 6.向有关领导汇报资金结余数额 | 根据单位要求,通过微信、邮件、办公软件等方式,向有关领导汇报当日资金结余数额 |
| | | 根据单位要求,编制资金日报表等 |
| | 7.编制次日工作计划 | 编制次日工作计划,有助于第二天工作的有序开展 |
| 下班离开前 | 1.清理实物资产 | 将所有现金、票据、有价证券、贵重物品、印章、网银证书、收据等锁入保险柜 |
| | 2.整理相关资料 | 将财务相关资料,如报表、对账单、纳税申报表、原始单据、凭证、账本等,锁存到抽屉或档案柜中 |
| | 3.整理工位 | 再次确认所有应当锁存的资料已经放到规定地方保管 |
| | 4.保管好钥匙 | 妥善保管保险柜、抽屉等的钥匙 |

## 3.1.2 月度的工作安排与职责表

出纳人员每个月有固定几天是需要做一些特定工作的，这些工作具有很强的时效性，必须在规定的时间内完成，例如，缴纳税款、缴纳水电费、发放工资等。出纳人员如何有序地安排这些工作，可参照表3-2所示内容。

**表3-2　出纳人员每月工作安排表**

| 时间 | 工作内容 |
| --- | --- |
| 月初 | 1.去银行拿回银行对账单、回单 |
| | 2.核对银行存款日记账余额是否与银行对账单上月末余额一致 |
| | 3.将做好的收款、付款凭证移交给相关会计人员 |
| | 4.协助会计人员装订凭证 |
| | 5.编制月度资金使用计划表 |
| 月内 | 1.报税期内按时缴纳税款 |
| | 2.按照规定时间缴纳五险一金 |
| | 3.按照贷款合同要求支付贷款利息、本金 |
| | 4.按时缴纳水费、电费、燃气费、暖气费、电话费、物业费、租赁费等费用 |
| | 5.按时发放工资、奖金、各种补贴 |
| | 6.及时去银行办理到期银行票据的提示付款流程 |
| | 7.编制资金周报表、月报表 |
| | 8.其他日常工作 |
| 月底最后1个工作日 | 1.将当月发生的现金和银业务登记在日记账上，结算出余额，完成结账工作 |
| | 2.将现金日记账、银行存款日记账转交给会计人员进行复核 |
| | 3.将编制好的记账凭证移交给会计人员 |
| | 4.清点票据，并做好核对登记 |
| | 5.接受财务人员的现金盘点 |
| | 6.根据企业要求，向相关人员提供资金月报表及其他报表 |
| | 7.其他日常工作 |

## 3.1.3 年度的工作安排与职责表

出纳人员年初、年末的工作该如何安排呢？有哪些事项需要重点关注呢？可参照表3-3所示的出纳人员年度工作安排表。

**表3-3　出纳人员年度工作安排表**

| 时间 | 工作内容 |
|------|----------|
| 1月1日 | 1.将上年度银行对账单及银行存款余额调节表装订成册，移交给会计人员 |
| | 2.将现金日记账、银行存款日记账结账后，移交给会计人员 |
| | 3.将其他资料移交给会计人员 |
| | 4.启用新的现金日记账和银行存款日记账账本，并将上年度结余数登记在新账本余额栏内 |
| | 5.其他日常工作 |
| 年初 | 1.协助会计人员装订上年度凭证、账本等其他财务资料 |
| | 2.协助会计人员将上年度的电子账套、财务报表、纳税申报表、银行对账单、电子发票等电子财务资料归档 |
| 年末最后一个星期 | 1.根据税务机关年底结账时间以及单位发票数量，领购发票 |
| | 2.根据社保、住房公积金管理中心等单位结账时间，做好相关款项的缴纳 |
| | 3.清点手中的借条，督促相关人员及时还款 |
| | 4.督促应报销而未报销人员及时报销，以免发票跨年无法报销 |
| 年末最后两个工作日 | 1.使用手工账的出纳人员，需要购买新的现金日记账和银行存款日记账账本 |
| | 2.清点年末资金、票据、有价证券 |
| | 3.编制资金年报表 |
| | 4.编制其他需要统计的报表 |

## 3.2　需要掌握的工具和方法

出纳人员在日常工作中，经常需要借助一些工具、方法以提高工作效率和准确率。本节将主要介绍出纳人员需要掌握的基本工具及方法。

### 3.2.1　键盘盲打提高效率

早期的盲打，是指账房先生用眼睛看着数据，手指上下拨动打着算盘，有时候还能看着别人说几句话。发展到现在，盲打被广泛应用到计算器、计算机等电子设备中，极大地提高了数据计算的准确性和工作效率。

计算器是出纳人员必须熟练使用的工具，很多人还停留在使用加减乘除功能上，甚至需要看着按键，一个一个数字敲。本小节以图 3-1 所示的计算器为例，简单介绍计算器主要按键的用途及用法（见表 3-4）和右手控制计算器按键的指法（见表 3-5）。

**图 3-1 计算器**

**表 3-4 计算器主要按键的用途及用法**

| 序号 | 按键 | 按键名称 | 用途及用法 |
|---|---|---|---|
| 1 | ON/AC | 开关键 / 总清除键 | 打开计算器，或者清除所有正在运算的数据和运算符 |
| 2 | M+ | 记忆加法键 | M+ 储存正数结果；M- 储存负数结果；MRC 调出记忆结果和清除结果，该键常与前面两个键配合使用。例如，计算 2×3+5×6-7×2，则输入 "2×3 M+ 5×6 M+ 7×2 M- MRC"，可得出 22 |
| 3 | M- | 记忆减法键 | |
| 4 | MRC | 取回保存值后，进行综合运算 | |
| 5 | GT | 总数之和键 | 储存计算多项分列式计算结果的总和。例如，计算 1+3=4，2×5=10，8÷4=2 三个等式计算结果的总和，则输入 "1+3= ，2×5= ，8÷4= GT"，可得出上面三个等式结果的总和 16 |
| 6 | OFF | 关机键 | 清除所有数据和运算符，并关闭计算器 |

续表

| 序号 | 按键 | 按键名称 | 用途及用法 |
|---|---|---|---|
| 7 | % | 百分比键 | 计算百分比时使用。例如，要计算成本678占收入1 267.87的百分比，则输入678÷1 267.87 % ，计算器显示的是53.475 5（这里只展示小数点后四位），代表计算的百分数结果为53.475 5% |
| 8 | MU | 损益运算键 | 计算售价和利润。例如，进货价100元，要赚取20%的利润，则输入100÷20 MU ，即可得出售价125元，再按一下 MU 可得出利润25元 |
| 9 | ▷ | 退位键 | 退位键，删除所输入的最后一个数字，连续按，可连续删除最后一个数字 |

表3-5以右手为例，描述了如何控制图3-1所示计算器的按键，当然如果使用的计算器和图3-1不一样，或者有更快的盲打方式，可按照自己的习惯进行。

### 表3-5　右手控制计算器按键的指法

| 序号 | 手指名 | 负责的按键 |
|---|---|---|
| 1 | 右手食指 | 7，4，1，0 |
| 2 | 右手中指 | 8，5，2，00 |
| 3 | 右手无名指 | 9，6，3，. |
| 4 | 右手小指 | +，−，×，÷ |

计算机数字小键盘的数字布局几乎和计算器一样，掌握了计算器的盲打方法，那么对于其他键盘的盲打都能快速上手，表3-6展示了右手控制计算机数字小键盘的指法。

### 表3-6　右手控制计算机数字小键盘的指法

| 序号 | 手指名 | 负责的按键 |
|---|---|---|
| 1 | 右手食指 | Num Lock，7，4，1 |
| 2 | 右手中指 | /(除)，8，5，2， |
| 3 | 右手无名指 | ×(乘)，9，6，3，.(小数点) |
| 4 | 右手小指 | −(减)、+(加)、Enter(回车键) |
| 5 | 右手拇指 | 0 |

### 3.2.2　熟练运用好 Office

出纳人员在日常工作中，经常用到的 Office 软件有 Microsoft Office、WPS Office 等，熟练掌握这些软件有助于大幅度提高工作效率和工作质量，甚至对于升职加薪都很有帮助。这里以 Microsoft Office 为例，介绍出纳人员常用的 Word、Excel、PowerPoint 这三款软件。

**1.Word 软件**

Word 软件常被用来进行各种文字编辑处理，可以满足不同文档的处理要求，例如，会议通知、会议记录、合同、工作计划、制度等。

运用 Word 软件需要掌握的基本技能是使排版美观大方的排版技能。如果一份文档，段落间距忽宽忽窄、字体忽大忽小、颜色花花绿绿，会让阅读者很难看下去，同时会拉低阅读者对文档制作者的好感度。

出纳人员在掌握好基本排版后，可以掌握一些更高阶的技能，例如，批量给标题添加多级编号，利用文字分栏来节省打印的纸张，把用相同符号分割的长串文字转化成表格文字等。熟悉运用 Word 软件后，出纳人员在工作中可以高效率地制作出专业、简洁的文档。

**2.Excel 软件**

Excel 软件不但具备加减乘除这些基本功能，还具备更高级的数据统计、数据分析、数据核对功能，可以用来制作固定资产折旧表、设计工资表等。

Excel 软件要想运用得好，需要掌握一些常用函数，例如 VLOOKUP、SUMIFS、IF、TEXT 等，除了需要掌握一些常用函数外，还需要加强不同函数间的组合运用及数据分析的思维能力和敏感性。

出纳人员掌握好这些函数后，再运用到工作中，既能提高统计数据的正确率，又能保证工作效率。例如，统计工资时，事先在表格里设置好公式，输入请假天数，即可计算员工当月工资；在表格里设置好个税计算函数，即可自动算出每个员工应交的个税；需要汇总一张表里符合某些条件的数据时，借助 SUMIFS 函数可以快速获得结果。

**3.PowerPoint 软件**

PowerPoint 软件，可用于制作集文字、图形、图像、声音、视频等多媒体元素于一体的演示文稿，可用于开会汇报、介绍单位产品和方案等，甚至有的单位员工的自我介绍、年终总结都要求使用该软件。

运用 PowerPoint 软件的基本技能要求是会调整字体大小和图文排版，如果再懂点配色就更完美了。PowerPoint 软件的一些功能可以极大提高工作效率，例如将几千字的 Word 文档轻松转成 PowerPoint，很快做好复杂的组织架构图等。

出纳人员熟练运用 PowerPoint 软件，使之成为自己的特长，更容易受到单位领导的关注，进而增加职场晋升的机会。

最后，如果有时间和精力，出纳人员可以学习 Visio、Access、VBA 等软件，这些软件都有助于提高工作效率和工作质量。

## 3.2.3　了解会计书写语言

出纳人员在工作中，经常需要使用会计语言填写单据、票据、会计凭证、账本等资料。出纳人员在使用会计书写语言时，需要遵循一定的原则，基本原则就是使用正楷或行书书写，字迹清晰、工整、美观大方、不连笔，墨水为蓝黑墨水或者碳素墨水。

### 1. 阿拉伯数字的书写要求

（1）书写顺序。

数字的书写顺序是自左向右，笔画顺序是自上而下、先左后右。除了"4""5"，其他数字需要一笔写下来。

（2）数字的间距要求。

数字不能连笔写，尤其是当数字中间有很多"0"时，要逐笔写，不能连笔，同时各个数字的间距要保持均匀；在印有格子的单据上，每个格子只能写一个数字，不能几个数字挤在一个格子里或者数字中间有空格。

（3）书写的倾斜度要求。

倾斜度一般为数字与水平线成 60 度即可，这样好看且好认。

（4）书写的高度要求。

书写时，应紧贴横格的底线，一般字体大小为横格高度的 1/2 或 2/3。这样写的好处是，如果在登记账本等资料时出错，后期才发现错误，数字上面留出的空隙可以用来填写更正后的内容。

（5）特殊数字的书写方式。

"6"的竖画要向右上方高出一般数字 1/4 的高度；"7""9"的竖画应向左下方书写出格至一般数字的 1/4 的高度；"7"的横画部分要保持水平，不要向上翘；写"0""6""8""9"的时候，圆圈要封口。

（6）角分的填写要求。

在书写以元为单位及以其他货币种类为货币基本单位的阿拉伯数字时，除了表示单价等情况外，一律写到角分；无角分的，角位和分位可以写成"0 0"，或者符号"——"；有角无分的，分位不能写符号"——"，而应该写"0"。

（7）货币符号的书写要求。

阿拉伯数字金额的前面应写上货币币种符号或者货币名称简称，阿拉伯数字与货币币种符号中间不能留有空白，凡是写了货币币种符号的，数字后面就不再写货币单位，例如￥100.00。

在用阿拉伯数字写人民币金额时，需要在数字前面写上"￥"，俗称"羊角符号字头"。

（8）分位号的使用。

写阿拉伯数字金额的整数部分时，可以从小数点向左按照"三位一节"用"，"（分位号）分开或者采用空出半个阿拉伯数字位置的方式来书写，例如，"￥189，764，700.98，￥189 764 700.98"。

**2. 大写数字的书写要求**

（1）大写数字的写法为：零、壹、贰、叁、肆、伍、陆、柒、捌、玖、拾、佰、仟、万、亿等，这里不能用0、一、二、三、四、五、六、七、八、九、十等简化字代替。

需要注意的是"万"字并没有单人旁，如果"万"字写了单人旁，所填写票据无效。

（2）在书写大写金额数字时，"元"或"角"字之后应当写上"整"字或者"正"字；如果大写金额数字有分的，分位后面不写"整"或者"正"字。

大写金额数字举例如表3-7所示。

表3-7　大写金额数字举例

| 序号 | 人民币金额 | 大写金额 |
|---|---|---|
| 1 | 4 563.00 元 | 人民币肆仟伍佰陆拾叁元整，或人民币肆仟伍佰陆拾叁元正 |
| 2 | 8 789.10 元 | 人民币捌仟柒佰捌拾玖元壹角整，或人民币捌仟柒佰捌拾玖元壹角正 |
| 3 | 9 654.18 元 | 人民币玖仟陆佰伍拾肆元壹角捌分 |

（3）"零"字的使用方法。"零"字的用法及案例如表3-8所示。

表 3-8  "零"字的用法及案例

| 序号 | 阿拉伯金额数字内容 | 汉字大写金额书写方式 | 举例 |
|---|---|---|---|
| 1 | 数字中间有一个"0" | 写一个"零"字 | 人民币 308 976.00 元，应写成人民币叁拾万零捌仟玖佰柒拾陆元整 |
| 2 | 数字中间连续有几个"0" | 写一个"零"字 | 人民币 5 000 879.00 元，应写成人民币伍佰万零捌佰柒拾玖元整 |
| 3 | 元位是"0" | 可以写一个"零"字，也可以不写 | 人民币 8 930.78 元，应写成人民币捌仟玖佰叁拾元零柒角捌分或人民币捌仟玖佰叁拾元柒角捌分 |
| 4 | 数字中间一直到元位连续多个"0"，但角位不是"0" | | 人民币 98 000.30 元，应写成人民币玖万捌仟元叁角整或人民币玖万捌仟元零叁角整 |

（4）货币名称的书写要求。

大写金额数字前如果没有货币名称，应当填写上货币名称。货币名称与大写金额数字要紧贴，中间不能留有空白。图 3-2 分别展示了大写金额数字的正确写法和错误写法。

| 正确写法<br>人民币肆仟伍佰陆拾叁元整 | 错误写法<br>人民币　肆仟伍佰陆拾叁元整 |
|---|---|

**图 3-2  大写金额数字的正确和错误写法**

最后，为了防止单据、票据等资料被他人模仿或涂改，出纳人员在遵循上述原则的基础上，可独创个人的书写风格。

# 第 4 章

## 现金的管理要点

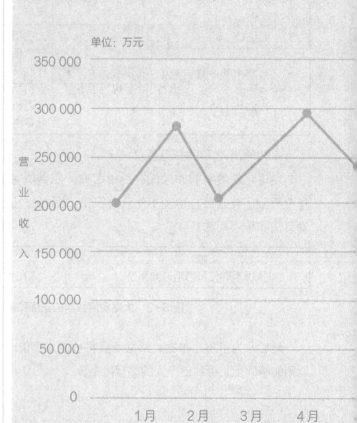

7月    8月    9月    10月    11月    12月

间

在企业的所有资产中，现金是流动性最强的资产。现金的结算最为灵活，但也最容易出现损失的情况。出纳对于现金的收款和支付都需要严格按流程操作，对于现金的保管也需要做到账实相符、账账相符。本章重点介绍如何保管现金、保管中的注意事项，以及出现现金管理问题时该如何处理。

# 4.1 现金保管的六大禁忌

现金保管存在六大禁忌：白条抵库、留存超过库存限额的现金、现金坐支、私设小金库、公款私存、代管现金。本节主要从这六个方面讲讲现金保管的禁忌。

## 4.1.1 白条抵库账不明

白条抵库，通俗来说就是以不符合国家法律法规、单位财务规章制度及会计凭证手续的单据、字条等顶替库存现金的行为。

【例4-1】

Y公司接受会计师事务所的审计时，注册会计师王强负责进行现金监盘。在开始监盘前，王强看到Y公司账面上的现金余额有420 230.10元。王强很纳闷儿：为何Y公司的库存现金余额这么多？

但王强去监盘现金时，发现现金只有10 230.10元，其余410 000.00元全是白条——厚厚一沓单据，有收据、支款单、借条，发生时间最早的一张距现在已经有四年。经过王强的审计，这些单据基本都是由于购买商品或者接受服务未能取得正规发票留下来的。这些资金均无法收回，并非真正的现金。这是虚假的资产，无法真实反映企业的经营成果和财务状况。

针对Y公司的这种行为，会计师事务所最终出具了否定意见的审计报告。

Y公司白条抵库现象这么严重，是什么原因造成的呢？可以从以下四个方面来分析。

### 1. 为什么会产生这样的现象

这种现象是由单位多年不正确的经营管理风格造成的，单位负责人、财务相关人员都已经习以为常，所以旧的白条没有解决，新的白条在不断增加。

**2. 这样的现状会给单位以及出纳带来什么样的影响**

（1）账上现金不真实。股东、单位负责人、财务人员，无法从报表上看到单位真实的资金结余，不利于单位日常经营决策。

（2）出纳可能被误认为违规操作。Y公司账面上有现金42万元，但出纳手里只有1万多元现金，缺41万元现金，出纳可能被误认为违规付款。如果出纳要证明自己的清白，需要把白条依次展示给领导看，这是件耗费时间、精力的事情。

（3）增加出纳的工作量及赔偿风险。出纳需要谨慎管理这些白条，如果白条过多，出纳就需要单独登记备查簿以备查询。如果出纳保管不善造成单据遗失，那么出纳就很可能需要赔偿。

（4）加大财务管理成本。出纳管理的白条过多，会加大会计人员监管现金的工作量。

（5）影响单位形象。第三方单位过来做财务审计或咨询时，会发现单位白条过多，减少对单位的正面评价。

（6）库存现金超限额。出纳手里白条多了以后，不能直接从账面看到库存现金，需要结合白条确认实际库存现金，有可能导致库存现金超额。

**3. 单位有没有更好的办法来解决这些白条**

单位可以把这些白条登记在"其他应收款——相关责任人科目"，这样做的好处是：库存现金是真实的，报表真实反映现金和应收账款，单位管理更清晰便捷。

**4. 出纳有没有办法减少手里的白条**

出纳可以督促相关责任人按照单位流程和相关制度的要求，尽快收回款项或者报销，如果是外单位的单据，要及时联系其更换原始凭证。

## 4.1.2　保险柜里不设限

现在很多单位都有保险柜，很多人认为现金放进保险柜就安全了，其实保险柜并不是坚不可摧的。为了保证资金安全，出纳只能在保险柜里存放规定限额内的现金，一旦现金超过限额，应及时存入银行。

那么库存现金限额如何确定呢？

库存现金限额由开户银行根据开户单位的实际需要，以及与银行的距离等情况综合核定。其限额一般按照单位3~5天日常零星开支所需库存现金确定，不含定期性大额现金支出和不定期大额现金支出。边远地区和交通不便地区的开户单位，可按多于 5 天但不得超过 15 天的日常零星开支的需要来确定库存现金限额。

库存现金限额 = 上一核定期间平均每天支付的现金数额 × 限定天数。

【例 4-2】

利民公司坐落于某市高技术产业开发区交通主干道旁，是一家生产电子元件的高新技术公司。2021 年，利民公司累计现金支出 800 000.00 元，其中支付工资津贴 400 000.00 元，计划外一次性现金支出 100 000.00 元，员工日常报销款 250 000.00 元，购办公用品等零星支出 50 000.00 元。2022 年，利民公司日常支出预计增长 8.00%。那么，2022 年，利民公司库存现金限额应为多少？（一年按照 360 天计算）

利民公司位于交通主干道旁，交通便利，应按照单位 3 ~ 5 天日常零星开支核定库存现金限额。其中，工资津贴 400 000.00 元属于定期性大额现金支出，计划外一次性现金支出 100 000.00 元属于不定期大额现金支出，计算时不应包含在内，因此利民公司库存现金限额的计算结果如下。

2021 年平均每天支付的现金数额 =（800 000.00-400 000.00-100 000.00）÷ 360=833.33（元）。

2022 年库存现金限额（下限）=833.33 ×（1+8.00%）× 3=2 700.00（元）。

2022 年库存现金限额（上限）=833.33 ×（1+8.00%）× 5=4 500.00（元）。

因此，利民公司 2022 年库存现金限额应不低于 2 700.00 元、不高于 4 500.00 元，库存现金余额在此区间范围内均合理。

## 4.1.3 现金坐支危害大

由于现金是流通性最强的资产，又是无法署名的，因此，现金一旦出现问题，很难查清楚。我国《现金管理暂行条例实施细则》中就规定了不得坐支现金，也就是说每一笔现金收入均需要存入银行，每一笔现金支出均需要从银行取出再进行支付。将收取的现金未存入银行就直接用于支付的行为，称为坐支。

【例 4-3】

2022 年 1 月 31 日，友好加油站的出纳小周在对账时发现缺失 500 元现金，无奈向主管姜会计求助。姜会计提醒小周，他记得在 30 日曾经进行了管道维修，维修费用就是 500 元。小周也回忆起，当日管道出现问题，临时找的维修师傅。小周当时是用当天收到的加油费现金垫付的维修款，而单据被办公室人员拿去找领导签字，忘记催要回来了。

在这一案例中，如果小周没有向姜会计求助，那小周就需要对这笔缺失的钱承担赔偿责任。虽然一段时间之后，办公室人员交还已签字的单据，能让小周补上缺口，但在当时，小周不想自己承担损失，又回忆不起来这件事，就很可能为了抵顶缺失的 500 元，将加油的收据私藏起来，不入账。

如果小周不是采用坐支的方式，那么当天收入的现金会存入银行。用于支出的现金需要从银行重新提取，银行提款记录可以帮助小周回忆起现金缺失的原因。

坐支现金最大的危害就是在收支的单据丢失、记录有错的情况下，现金缺失的原因难以查找，导致出纳舞弊，造成现金流失。除此之外，坐支还有以下风险。

（1）坐支容易造成现金日记账混乱，导致错账、漏账和账实不符。

（2）坐支可能造成收入记录不准确而使相关人员产生偷税、漏税、逃税的行为。

（3）坐支违反了《现金管理暂行条例实施细则》，相关人员可能面临着坐支金额 10% ~ 30% 的处罚。

## 4.1.4　单位私设小金库

根据《国务院办公厅转发财政部、审计署、中国人民银行关于清理检查"小金库"意见的通知》（国办发〔1995〕29 号），"小金库"是指违反国家财经法规及其他有关规定，侵占、截留国家和单位收入，未列入单位财务会计部门账内或未纳入预算管理，私存私放的各项资金。

小金库是财务监管上的漏洞，存在的危害主要有致使单位会计信息质量失真、截留经费、隐瞒收入、诱发腐败、助长奢侈腐化风气、损害国家税收利益、扰乱经济正常发展等。

单位私设小金库，有可能是单位负责人的意愿，也有可能是单位财务会计部门的意愿。无论由谁指使，单位私设小金库对出纳本人都有重要的影响。

【例 4-4】

谷燕是雷克电灯厂的一名出纳，老板刘雷非常信任谷燕。他指使谷燕将未开发票的收入设成小金库，单独存放使用。为防止其他人知道内情，小金库的事情只有刘雷和谷燕知道。谷燕既负责收付款，又负责记录小金库的资金出入。

有一天刘雷问谷燕小金库里还有多少钱，谷燕说还有 5 万元，刘雷回忆着当月小金库收款的情况：前两天老马拿过来 3 万元，老隋拿过来 6 万元，还有老齐也拿过来 5 万元，怎么也应该有 10 多万元。谷燕看出刘雷的怀疑，立刻解释这个月还花了好几笔钱。而且有好几笔花的钱都是刘雷自己提走的。但这些钱用来做什么了呢？由于拿钱的次数多，刘雷自己也想不起来了。

过了些日子，刘雷发现谷燕换了新手机，价格不菲。虽然谷燕声称是男朋友买的，但刘雷感觉谷燕的消费水平与其身份不符，逐渐对谷燕起了疑心。不久，刘雷找了理由给谷燕调了岗。

常言道"管钱不管账，管账不管钱"，就是为了制衡管钱和管账的两个人，从而减少舞弊现象的发生。出纳谷燕既负责管钱又负责管账，支出的钱没有人负责审核。刘雷多次凭记忆和谷燕核对金额，都存在差异。久而久之，刘雷对谷燕产生怀疑，也是人之常情。

## 4.1.5　公款私存讲不清

有些单位为了日常支付方便，把单位的款项取出来后存放在以个人名义办理的银行卡、微信、支付宝等账户中。这种行为不但违反了《现金管理暂行条例实施细则》，面临着 30% ~ 50% 存入金额的处罚，而且更重要的是存在资产安全隐患。

**1. 现金安全存在隐患**

现金存到个人卡中，如果持卡人发生道德风险，卡里的钱可能被挪走，从而给单位造成损失，单位追回这笔款项，需要花费大量的时间和精力。

**2. 发生经济纠纷**

单位的钱存入个人卡中，一般没有完善的审批流程。如果持卡人说卡里的钱是自己的，那么单位就需要拿出充足的证据来说明这笔钱是单位的。这不但增加单位的管理成本，还有可能因为证据不足，无法索回这笔钱，更有可能导致单位秘密外泄。

【例 4-5】

由于景兴房地产公司的开户银行在周日当日不营业，所以其在周日收取的现金房款无法存入银行账户。财务负责人宋建国要求出纳郑亮以个人名义开具个人存折，将房款存至该存折，待周一上午再将个人存折的款项提出，存入公司的账户。

2022 年 3 月 21 日周一上午 9 点，郑亮猝死在工作岗位上。

2022 年 3 月 21 日下午 3 点，宋建国联系的警察、郑亮的家属都到了公司财务部。在警察的监督下，宋建国打开了保险柜，保险柜除了少量现金、有价票据外，还有两张银行卡。经查询这两张银行卡均是以郑亮的名义办理的，公司平常的一些资金往来会用到这两张银行卡。两张银行卡余额合计有23万多元。

郑亮的家属坚持说，卡里的钱都是郑亮的，是郑亮的遗产，公司无权动用这两张卡里的钱。宋建国当场也拿不出证据，只能让郑亮家属将银行卡带走。

接下来几天，宋建国一直在核对郑亮留下来的单据和账簿，仅有累计8万元可以核对上账目，其余款项都无法找到直接证据。最后郑亮的家属支付给公司8万元。其余款项公司均无法索回。

公款私存，一旦发生经济纠纷，公司很难找到有利证据证明款项是属于公司的，这时候公司往往只能吃哑巴亏。

### 3. 无法取得增值税专用发票

使用个人卡或者个人微信、支付宝支付货款，根据增值税发票"三流一致"的要求，付款方无法取得增值税专用发票，也就不能取得这部分的进项税，从而导致多交增值税。

### 4. 影响享受政策红利

【例4-6】

海顺鱼竿公司，是一家销售鱼竿的公司，每月1日发工资。2022年2月1日是春节，财务都放假了，老板张海顺就用个人微信账号给员工发放工资，公司的员工中有残疾人。2022年3月，张海顺聘请永然财务咨询公司过来做财务咨询项目。咨询公司的项目专家告诉张海顺，由于1月的工资是用微信账号支付的，在计算应纳税所得额时不能享受"按照支付给残疾职工工资的100%加计扣除"这一优惠政策。

《财政部 国家税务总局关于安置残疾人员就业有关企业所得税优惠政策问题的通知》（财税〔2009〕70号）对残疾人工资的支付方式有明确规定，具体如下。

定期通过银行等金融机构向安置的每位残疾人实际支付了不低于企业所在区县适用的经省级人民政府批准的最低工资标准的工资。

所以公司通过个人账号发放员工工资，可能会导致公司丧失享受某些政策红利的机会。

## 4.1.6　代管现金有风险

出纳的现金可以让他人代为保管吗？如果保管过程中发生现金丢失、被盗，又该如何划分责任呢？

**【例 4-7】**

小隋是一家公司的出纳，2022 年 3 月 10 日下午 3 点，她突然接到家里的电话，让她立即回家，她马上跟财务负责人请假并且取得同意。随后小隋跟会计刘姐说："我家里有事儿，现在需要回家一趟，但是今天傍晚会有一批货送到公司来，需要支付 3 万元货款。"刘姐让小隋把钱给她，说如果货物收到了，就把货款支付给对方。接下来双方清点了现金，核对无误后，刘姐就接过了现金，随手放在抽屉里。当天，货物一直没有送到公司。

3 月 11 日早上，刘姐上班时，发现抽屉被打开了，3 万元现金不翼而飞。

这笔钱丢了，出纳要不要承担责任呢？承担多大责任呢？

保管好现金是出纳小隋的工作职责，小隋因为私事，随手把钱给了同事代为保管，这种行为不符合公司规定。现金作为公司的财产，未经许可，不能因任何原因给任何人。现在出纳小隋就是未经许可，把钱给他人代为保管支付，这本身就是失职，应该承担全责，如果这笔钱找不回来，那么出纳小隋应全额赔偿公司。

所以，出纳一定要自己保管好公司的现金，如果因为特殊原因出现库存现金超限额或者应存入银行却未存入等情形，应及时向财务负责人汇报，申请实施财产安全保管措施。

## 4.2　现金的日清月结

有些出纳对保管公司的钱财这件事感到压力很大，因为一旦保管不好，出现长款或者短款，就可能面临赔偿。其实出现现金长短款的原因是工作不规范、未按照流程执行，而避免出差错的一个方法，就是严格执行现金的日清月结，发现账实不符，要及时解决，杜绝隐患。

### 4.2.1　现金被盗之后损失谁担

在资金流动较大的公司，保险库（柜）的管理尤其严谨，多由两人及以上共同管理保险库（柜）的钥匙；而现金交易不多的公司，多数情况下保险库（柜）钥匙由出纳一人保管。

出纳在保险柜里存放着现金以及有价证券、承兑汇票、空白支票、公司印章等各种重要资料。那么保险柜一旦被盗，这种损失该由谁来承担呢？

【例4-8】

兴盛公司是一家成立于2021年10月的小型房地产公司，新开发的5栋住宅楼正处于认筹期。2022年1月5日16点15分，一位客户来到财务部，以现金方式交纳意向金5万元。出纳刘爽在现金清点无误后，为客户办理了相关手续，这时时间已是16点49分。考虑到公司离银行较远，刘爽请示过财务经理李雪之后，将5万元现金锁进保险柜中。

当天晚上，小偷撬开财务部办公室的防盗窗，将保险柜里的8万元现金全部盗走。第二天早上8点，兴盛公司报了警。与此同时，总经理于强召开会议讨论后续处理方案。

最终经股东会通过，方案具体内容为："于强在本次被盗事故中，因未能及时建立资产管理制度，承担主要管理责任，处罚1万元；李雪承担直接管理责任，处罚0.5万元；刘爽操作正确，无重大失误。剩余损失由公司承担。"

兴盛公司为何未对出纳进行相关处罚，反而追究了领导的责任？

兴盛公司刚刚组建三个月，总经理于强未能及时完善公司现金保管制度，以及资产安全的相关规章制度，导致出现异常情况时，只能靠员工的职业判断来进行业务上的处理，对于资产的损失理应承担主要管理责任。财务经理李雪，在明明知道库存现金已经超过限额，仍同意出纳将所有现金放入保险柜，且未对财务部增加其他保险措施，因此其存在管理失职。

在被盗的8万元中，有5万元现金是无法在银行下班前送存银行的，出纳刘爽是按财务经理指示保管现金的。而另有3万元属于正常的现金限额范围内的现金，因此出纳刘爽并不存在明显的工作失职，免于处罚也是理所应当。

【例4-9】

南升电器集团公司一个子公司的财务科发生了40万元现金被盗案，最终出纳需要承担全部损失。为了确保偿还，出纳与公司签订10年用工协议，每年扣除4万元工资来赔偿公司的损失。

整个案件调查下来的情况是，总经理接到公安局的预警提示后，立刻要求财务经理将"过年前几天是偷盗高峰期，任何人不得将现金存放在办公室的保险柜中，当天无法存入银行的现金，应存放在门卫室的保险柜里"的通知，下发给所有分公司、子公司的出纳。但是有一子公司的出纳在收款后，并未按规定保管现金，而是存在侥幸心理，私自把巨额现金存放在财务科的小保险柜内，导致巨额现金被盗案的发生。

相似的经历，不同的公司，却有着完全不同的处罚结果。出纳人员在库存现金超过限额后，当天要将现金存入银行，如果因为客观原因无法存入银行，应向财务负责人汇报这一情况，对超额现金进行安全保管。出纳人员在将这些工作都做到位后，将大大降低现金被盗案的发生概率。

**【重要提醒】**

放假期间及临近过年时，单位工作人员减少，为了资金安全，尽量不要留大额现金在单位，如果单位需要预留一部分现金，可以把保险柜安放在 24 小时有人监控的地方，例如保安室等。

出纳遇到保险柜被盗的情况，该如何处理呢？出纳首先要冷静，然后快速执行表 4-1 所示的处理步骤。

**表 4-1　保险柜被盗的处理步骤**

| 步骤 | 内容 | 操作说明 |
| --- | --- | --- |
| 第一步 | 保护现场 | 禁止任何人接触或者破坏现场 |
| 第二步 | 电话联系财务负责人 | 电话中向财务负责人说明情况，请求其来到现场，同时对其他人保密 |
| 第三步 | 回忆细节 | 回忆是否之前有可疑细节 |
| 第四步 | 查看监控 | 联系监控管理人员查看监控视频里是否出现可疑人员 |
| 第五步 | 报警 | 拨打 110 报案 |
| 第六步 | 协助警察破案 | 配合警察做好笔录 |

## 4.2.2　如何做好现金日清月结

为了防止出现遗漏，出纳在办理现金的收款和付款业务时，要发生一笔业务就记录一笔。有时候出纳特别忙，没办法发生一笔业务记录一笔，那么最迟应该在发生收付款的当天，完成现金的登记、清点、核对等工作。

出纳在每天下班前，应完成以下工作。

**1. 收付款凭证与原始凭证核对**

核对收款、付款凭证的凭证内容、时间、金额是否与原始凭证一致，如有误，需及时更正。

**2. 收付款凭证和现金日记账核对**

核对收付款凭证和现金日记账的内容、金额等是否一致，如存在漏记账的内容，应及时补充；如存在不能登记到账上的凭证，需要分别统计出收款凭证、付款凭证的汇总金额，填在现金盘点表（见表4-2）；如出现错误，则需要更正错误。更正后，应结出现金日记账余额。

### 表4-2　现金盘点表

单位名称：　　　　　　　盘点日期：　　年　月　日　　　币种：

| 实有现金盘点记录 | | | 核对账面金额 | | |
|---|---|---|---|---|---|
| 货币面值 | 张（枚） | 金额 | 项目 | 金额 | 备注 |
| 100 | | | 库存现金账面金额 | | |
| 50 | | | 加：未记账的收款凭证 | | |
| 20 | | | 减：未记账的付款凭证 | | |
| 10 | | | 调整后的现金账面余额 | | |
| 5 | | | 实有现金 | | |
| | | | 账面与实有金额差异 | | |
| 1 | | | 差异原因 | | |
| 0.5 | | | 1. | | |
| | | | 2. | | |
| 0.1 | | | 3. | | |
| 0.05 | | | 4. | | |
| 0.02 | | | 5. | | |
| 0.01 | | | 6. | | |
| 实点合计 | | | 7. | | |
| 财务主管：　　　　　　　　　　　　出纳： | | | | | |

### 3. 现金账实核对

出纳清点出每种面额现金的数量，并将该数量填在表中，根据数量乘以面额得出金额，将计算出来的金额填在现金盘点表中，然后加以汇总，根据汇总出的总金额，与账面金额核对是否一致。

查看账面现金余额，如果账面现金余额满足下列公式，则账实相符，如果不满足下列公式，需要查找原因。

账面现金余额 = 库存现金余额 + 已付款但尚未记账的凭证金额 − 已收款但尚未记账的凭证金额。

#### 4.检查库存现金是否超过规定的现金限额

如果库存现金超过库存现金限额，则应当把超额部分现金送存银行；如果库存现金少于库存现金限额，可以去银行提取现金。

**【例4-10】**

出纳小顾在盘点现金时，发现现金比账面少了1 000.00元，查找了很久，也没有找出这笔钱是怎么缺少的。之前会计主管一直要求小顾每日盘点现金并做现金盘点表，但最近小顾接了个着急的工作项目，为了节省时间，就把每日盘点现金这个好习惯停了一段时间。小顾想着钱都是自己管，自己收款、付款都很仔细，也不会挪用公款，现金肯定不会出问题。但等工作项目完成后，小顾盘点现金后发现现金少了1 000.00元。

**【例4-11】**

出纳小刘在给同事报销时，有时候同事不要报销零头，这样一段时间累积下来，库存现金比账面多了3.32元。

出纳小顾没有把日清月结执行到位，导致他短时间内很难找到1 000.00元差额产生的原因。在日常工作中，出纳有时候突然接到重要且紧急的工作，就会忽略重要不紧急的现金日清月结的工作，而等想起来进行现金盘点时，因为时间过去很久了，每天收款、付款的业务多，账目累积得也多，回忆起来有很大的难度。

日清月结是出纳的基本工作原则，账实相符是现金出纳工作的重要要求。在工作中，出纳千万不能心存侥幸："今天很忙，明天再去整理、核对单据"。实际上出纳可能每天都很忙，如果一味地等到月底再去核对，到时候数字核对不上，就很麻烦，因为到那时候，很可能出纳自己及收付款经手人都回忆不起来相关事项。今天的图省事可能就是在给明天的自己找麻烦，出纳要坚持做到日清月结。

相较库存现金少了，很多出纳对现金多出感受到的压力会小一点。钱少了需要出纳赔偿，但钱多了呢？出纳是不是就可以装进自己的腰包呢？这样账面余额就和现金一致了。"多"意味着错，"多"背后也可能隐藏着"少"，多出的现金，可能是有单据未入账，可能涉及一笔收付款，也可能涉及多笔收付款。一旦会计抽查时发现了未入账的单据，那么出纳的基本道德素养就可能受到怀疑，可能导致丢失工作。

所以现金"多"出来并不是好事，需要出纳找出原因，具体做法就是从最近一次现金盘点日期开始，把原始单据、记账凭证、现金日记账一一进行核对。

## 4.2.3　如何处理现金盘点差异

出纳有时候会遇到现金和账面不一致的情况，这时候就需要静下心，仔细查找原因。

无论是库存现金比账面多，还是比账面少，都说明账实不符。出纳不要慌张，可以按表 4-3 的方法一步步查找现金差异原因。

**表 4-3　现金差异原因查找方法**

| 步骤 | 说明 |
| --- | --- |
| 第一步 | 查找出最近一期账面、库存现金相符的现金盘点表，由此推算出现金开始产生差异的时间 |
| 第二步 | 从现金产生差异的时间开始，依次核对现金日记账与原始单据，包括收据存根联、白条和未上账的原始凭证等；<br>注意是否存在收款没有开具的收据或其他原始单据，特别注意是否有存放在他处的单据。有些收据的记账联未及时从收据本中扯下，也会影响收据数据的准确性 |
| 第三步 | 是否存在应发的员工工资未领走；<br>是否存在支出款项单据未记账的情况；<br>是否存在需要补签字的单据存放在他处，或滞留在领导手中的情况 |
| 第四步 | 查看账本是否存在借贷方向登记颠倒的情况；<br>查看是否误把现金交易记录到银行存款日记账上；<br>查看账本登记的数字是否与原始单据一致；<br>核算现金日记账结余数，看是否计算错误 |
| 第五步 | 如果找不出差异，可以请求其他财务人员一起来查找差异。比如差异的数据会与某些具体的事情联系起来，有的时候，自己想不起来的事情，其他同事可能会帮自己想起来 |
| 第六步 | 通过查看监控来帮助查找差异。在出纳经常收款的地方安装监控，是非常有效的管理手段 |

现金盘点结果主要有表 4-4 所示的几种情况。

### 表4-4 现金盘点结果及相关处理和会计分录

| 序号 | 盘点结果 | 相关处理 | 相关会计分录 | |
|------|----------|----------|--------------|--|
| 1 | 现金盘亏 | 找到责任人 | 借：待处理财产损溢——现金盘亏<br>贷：库存现金 | 借：其他应收款——责任人<br>贷：待处理财产损溢——现金盘亏<br>待收回款项时，应做的会计分录如下<br>借：库存现金<br>贷：其他应收款——责任人 |
| 2 | | 无法查明原因，需要经过公司相关人员审批后进行处理 | | 借：管理费用——其他<br>贷：待处理财产损溢——现金盘亏 |
| 3 | 现金盘盈 | 经查无法退回，且公司制度完善、出纳无过错 | 借：库存现金<br>贷：待处理财产损溢——现金盘盈 | 借：待处理财产损溢——现金盘盈<br>贷：营业外收入 |
| 4 | | 公司内部控制流程未执行到位，例如出纳审核有误 | | 借：待处理财产损溢——现金盘盈<br>贷：管理费用——其他 |

### 【例4-12】

出纳小顾现金盘亏了1 000.00元，需要做的会计分录如下，会计分录后面应附上当日的现金盘点表，写明现金盘亏的原因，并经出纳本人和会计主管签字。

借：待处理财产损溢——现金盘亏　　　　　1 000.00

　　贷：库存现金　　　　　　　　　　　　　　1 000.00

由于没有找到出纳小顾之外的责任人，出纳小顾属于第一责任人，需要对该笔款项进行赔偿，会计分录如下。

借：其他应收款——小顾　　　　　　　　　1 000.00

　　贷：待处理财产损溢——现金盘亏　　　　　1 000.00

待出纳小顾把现金1 000.00元交到公司后，小顾应开具1 000.00元的收款收据，作为凭证后附的原始单据，会计分录如下。

借：库存现金　　　　　　　　　　　　　　1 000.00

　　贷：其他应收款——小顾　　　　　　　　　1 000.00

在【例4-11】中，出纳小刘盘盈的3.32元，因为一开始就知道盘盈现金的来源，所以小刘需要做的会计分录如下，凭证后附经出纳和会计主管签字的情况说明。

　　借：库存现金　　　　　　　　　　　　3.32

　　　　贷：待处理财产损溢——现金盘盈　　　　　　　3.32

　　借：待处理财产损溢——现金盘盈　　　　3.32

　　　　贷：营业外收入　　　　　　　　　　　　　　3.32

## 4.2.4　残缺污损人民币怎么处理

　　出纳在收款时收到残缺人民币，或者在现金保管过程中使人民币污损了，该怎么处理呢？

**【例 4-13】**

　　会计杜小强在例行的现金监盘过程中，发现出纳刘泉收到的现金中有一张面值为 100 元的人民币缺少了一角。刘泉回忆了这段时间收款的情景，又查看了收款监控录像，都没有找到这张缺角人民币的来源。

　　出纳刘泉该如何处理这张残币呢？

　　第一步，鉴于出纳刘泉未找到这张缺角人民币的责任人，会计杜小强让其将这张人民币拿到银行去兑换。

　　刘泉之前没有去银行兑换过残币，担心银行不给兑换，杜小强告诉刘泉，《中国人民银行残缺污损人民币兑换办法》明确规定了："凡办理人民币存取款业务的金融机构（以下简称金融机构）应无偿为公众兑换残缺、污损人民币，不得拒绝兑换"。

　　第二步，刘泉把这张残币带到银行，银行工作人员把这 100 元残币兑换成面值为 50 元的人民币，并告诉刘泉："如果能辨别面额，票面剩下四分之三（含四分之三）以上，能按原来的样子拼接起来，就可以按原面额兑换；如果能辨别面额，票面剩余二分之一（含二分之一）至四分之三以下，能按原来的样子拼接起来，就可以按原面额的一半兑换；如果纸币呈正十字形缺少四分之一，只能按原面额的一半兑换。"因此刘泉手中的残币只能兑换 50 元。

　　第三步，刘泉回到单位后，写了残币兑换导致库存现金减少的情况说明，财务主管司绘审核通过了，情况说明见图 4-1。

---

**残币兑换情况说明**

　　本人经现金盘点，发现存在一张面值为 100 元的人民币缺失一角部分，将该张残币拿到银行兑换后，换得面值为 50 元的人民币一张。

　　现申请把缺少的 50 元记入"管理费用——其他"科目。

申请人：刘泉

申请日期：2022 年 1 月 5 日

审核人：司绘

审核日期：2022 年 1 月 5 日

---

**图 4-1　残币兑换情况说明**

第四步，刘泉应该做的会计分录如下，并将残币兑换情况说明附在凭证后面。

借：待处理财产损溢——现金盘亏　　　　　50.00

　　贷：库存现金　　　　　　　　　　　　　　　50.00

第五步，会计应做如下会计分录。

借：管理费用——其他　　　　　　　　　　50.00

　　贷：待处理财产损溢——现金盘亏　　　　　　50.00

# 第 5 章  银行账户的管理要点

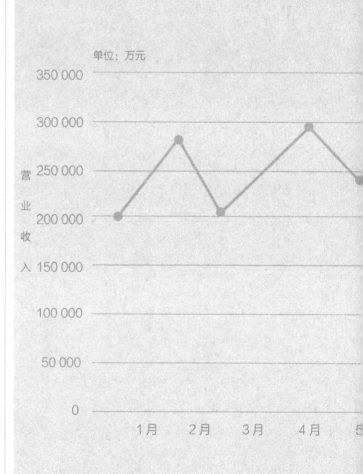

单位: 万元

营业收入

350 000

300 000

250 000

200 000

150 000

100 000

50 000

0

1月　2月　3月　4月　5

7月　　8月　　9月　　10月　　11月　　12月

间

去银行办理业务时，经常会看到"对公窗口"，这个"对公窗口"就是专门办理单位业务的，单位业务和个人业务有很多区别，本章要说的就是单位银行账户的管理。

# 5.1 银行账户的开通及变更

单位开通银行账户会使资金的结算更加便利，单位资金放在银行也更加安全。单位在银行存款不但可以获得利息收入，还有利于申请银行贷款。几乎每个单位都会开设银行账户，出纳人员就必须掌握单位银行账户的开通和变更。

### 5.1.1 银行账户类型要求

单位开设的银行账户按用途可分为四种类型，详见表5-1。单位可以根据银行账户的不同用途来决定开设何种银行账户。

表5-1　银行账户四种类型

| 序号 | 账户类型 | 可否提取现金 | 账户简介 |
|---|---|---|---|
| 1 | 基本存款账户 | 可提 | 每个单位只能开设一个此类账户。该账户可用于日常转账结算和现金收付，例如办理备用金、差旅费、工资等的现金提取、转账结算等 |
| 2 | 一般存款账户 | 不可提 | 单位可根据需要开设多个此类账户。该账户需要在基本存款账户开户银行以外的银行营业机构开立，主要用于借款或其他结算，可以办理现金缴存，不能办理现金支取 |
| 3 | 专用存款账户 | 不可提 | 该账户用于对特定用途资金进行专项管理和使用，可用于管理与使用基本建设资金、更新改造资金、财政预算外资金、证券交易结算资金、期货交易保证金、信托基金、金融机构存放同业资金、政策性房地产开发资金、住房基金、社会保障基金等需要专项管理和使用的资金 |
| 4 | 临时存款账户 | 不可提 | 该账户是存款人因临时需要并在规定期限内使用而开立的，一般开立的原因有设立临时机构、有异地临时经营活动、注册验资。例如，开办新单位时，需要把注册资金存入临时存款账户进行验资。该账户的有效期最长不得超过2年 |

## 5.1.2　如何选择开户银行

开设账户越多，管理成本也越高，因此单位并非开设银行账户越多越好。不同银行的开户流程以及需要开户方提供的资料不尽相同。因此，出纳人员在确定开设哪种类型的账户后，还应了解不同银行的流程信息，并将信息提供给单位领导用以选定具体的开户银行。需要了解的信息可以参考表 5-2 中所列出的内容。

表 5-2　如何选择开户银行

| 序号 | 项目 | 明细 |
| --- | --- | --- |
| 1 | 是否能满足单位业务的需要 | 如果单位有进出口业务、银行承兑汇票、信用证、企业年金等业务，开户前需要问银行是否有这些业务，因为很多业务分理处或者经营性支行是没有权限做这些业务的 |
| 2 | 网银转账额度是否有限制 | 有的银行不予开通公转私业务，或者对公转私有额度限制，如果单位公转私需求大，那么需要在开户前问清楚 |
| 3 | 是否能用结算卡取款 | 如果单位取现次数多，银行可以提供在 ATM（Automated Teller Machine，自动取款机）上取款的结算卡类产品，那么出纳取款就可以节省排队等候的时间 |
| 4 | 银行的服务费用是否适宜 | 银行账户手续费包括开户费、账户年费、短信费等，单位可根据经营需求选择收费适宜的银行 |
| 5 | 理财产品是否多样化 | 如果单位希望购买多种理财产品，开户前可以询问银行理财产品种类 |
| 6 | 是否有授信额度 | 有的银行对存款多、流水多、缴纳税款多的单位会给予授信额度，单位日后办理贷款会更方便 |
| 7 | 距离单位远近 | 出纳经常需要去银行办理存支票、提现、取回单等对公业务，如果银行距离单位近，出纳可以节约大量外出时间，而且提现后可以快速返回单位，确保资金安全 |
| 8 | 交通是否便利 | 如果交通便利，那么有利于出纳选择多种出行方式 |
| 9 | 网点是否多 | 网点多，员工取工资方便 |
| 10 | 办理效率是否高 | 如果银行办事效率高，那么可以节省很多时间 |
| 11 | 服务态度怎么样 | 有些业务，例如打印银行对账单、办理银行询证函、处理一些突发事情，还是需要去银行办理，这时候银行工作人员的服务态度就很重要 |

确定了开户银行，可以上网去查一下该银行网点的电话，也可以拨打表 5-3 中的金融机构服务热线咨询。

表5-3　部分金融机构的服务热线

| 序号 | 银行 | 号码 | 序号 | 银行 | 号码 |
|---|---|---|---|---|---|
| 1 | 中国银行 | 95566 | 11 | 北京银行 | 95526 |
| 2 | 中国工商银行 | 95588 | 12 | 中信银行 | 95558 |
| 3 | 中国建设银行 | 95533 | 13 | 中国光大银行 | 95595 |
| 4 | 中国农业银行 | 95599 | 14 | 广发银行 | 95508 |
| 5 | 浦发银行 | 95528 | 15 | 华夏银行 | 95577 |
| 6 | 交通银行 | 95559 | 16 | 中国银联 | 95516 |
| 7 | 招商银行 | 95555 | 17 | 支付宝 | 95188 |
| 8 | 中国民生银行 | 95568 | 18 | 微信 | 95017 |
| 9 | 中国邮政储蓄银行 | 95580 | 19 | 翼支付 | 95106 |
| 10 | 兴业银行 | 95561 | 20 | 京东金融 | 95118 |

## 5.1.3　银行账户开立流程

大部分银行开户的流程和需要的资料是相似的。

（1）银行开户的常规流程详见表5-4，具体开户时还需要出纳人员根据银行的具体要求来安排。

表5-4　银行开户流程

| 步骤 | 执行者 | 执行内容 | 备注 |
|---|---|---|---|
| 第一步 | 出纳人员 | 预约银行工作人员上门实地考察并与银行沟通需要提供的开户资料 | 银行工作人员按照预约时间对企业进行实地考察，所以如果企业着急开户，应尽早预约 |
| 第二步 | 出纳人员 | 准备银行开户资料 | |
| 第三步 | 银行工作人员 | 上门进行实际办公场地核实 | 不同银行对法定代表人是否需在场的要求不同。有的银行要求预约开户的人和银行实地考察的接待人是同一人；有的银行要求对预约银行开户的人进行实地拍照，并需该人员去银行办理开户手续等 |
| 第四步 | 出纳人员 | 银行工作人员核实完成后，带着资料和银行工作人员一起去银行开户 | |

续表

| 步骤 | 执行者 | 执行内容 | 备注 |
|------|--------|----------|------|
| 第五步 | 出纳人员 | 填写开户申请书等表单 | |
| 第六步 | 银行工作人员 | 审核开户申请书及准备资料的真实性、完整性、有效性和合规性，并建立开户人银行预留印鉴卡 | |
| 第七步 | 出纳人员 | 用现金缴纳开户费用 | 不同银行收费标准不同，应提前确认，带足现金 |
| 第八步 | 出纳人员 | 领取 U 盾、结算卡、密码器、查询密码纸、基本存款账户信息（带有基本存款账户编号） | 开设非基本存款账户则无基本存款账户信息 |

（2）在准备开立银行账户的资料时，可参照表 5-5 及表 5-6 所示内容。

### 表 5-5　开立银行基本存款账户需要准备的资料

| 序号 | 资料明细 |
|------|----------|
| 1 | 营业执照正本原件及复印件 |
| 2 | 法定代表人或单位负责人有效身份证件原件及复印件 |
| 3 | 授权书原件（法定代表人或单位负责人授权他人办理的，应出具法定代表人或单位负责人的授权书），不同银行提供不同模板的授权书，使用相应银行的授权书即可 |
| 4 | 被授权人的有效身份证件原件（适用法定代表人或单位负责人授权他人办理的情况）及复印件 |
| 5 | 基本户开户行出具的基本存款账户信息或开户许可证（如已开立基本存款账户，不用提供）原件及复印件 |
| 6 | 开户费用 |
| 7 | 公章、财务章、法定代表人章 |
| 8 | 有的银行会要求重新开基本存款账户的单位提供之前注销的基本存款账户的销户证明 |
| 9 | 录入 U 盾信息的身份证原件及复印件 |
| 10 | 单位应按照营业执照上的名字把单位铭牌做好 |
| 11 | 开户银行要求提供的其他资料 |
| 备注 | 不同银行对是否需要单位自行提供复印件的要求不相同，单位应提前与银行沟通清楚 |

**表 5-6　开立银行非基本存款账户需要准备的资料**

| 开立账户的种类 | 序号 | 资料明细 |
|---|---|---|
| 一般存款账户 | 1 | 借款合同（单位向银行借款时提供）等其他结算需要提供的证明 |
| | 2 | 开立基本存款账户规定的证明文件 |
| | 3 | 基本存款账户开户登记证或基本存款账户编号 |
| | 4 | 银行网点要求提供的其他资料 |
| 专用存款账户 | 1 | 有关部门对资金专项管理的法规、规章、证明、批文等《人民币银行结算账户管理办法》第十九条规定的文件资料 |
| | 2 | 开立基本存款账户规定的证明文件 |
| | 3 | 基本存款账户开户登记证或基本存款账户编号 |
| | 4 | 银行网点要求提供的其他资料 |
| 临时存款账户 | 1 | 驻地主管部门同意设立临时机构的批文（适用于临时机构开通此账户需提供的资料） |
| | 2 | 营业执照正本或其隶属单位的营业执照正本，或施工及安装地建设主管部门核发的许可证或建筑施工及安装合同，基本存款账户编号或开户银行许可证（适用于异地建筑施工及安装单位开通此账户需提供的资料） |
| | 3 | 营业执照正本以及临时经营地工商行政管理部门的批文，基本存款账户编号或开户银行许可证（适用于异地从事临时经营活动的单位开通此账户需提供的资料） |
| | 4 | 工商行政管理部门核发的单位名称预先核准通知书或有关部门的批文（适用于进行设立验资的单位开通此账户时需提供的资料） |
| | 5 | 按照《人民币银行结算账户管理办法》等制度规定的须提供的其他开户证明文件 |
| | 6 | 银行网点要求提供的其他资料 |

单位出具的上述资料应提供原件。如果原件不能留存在开户银行，应提供相应的复印件。

（3）在开设银行账户时，需要关注的事项如表 5-7 所示。

**表 5-7　开设银行账户需要关注的事项**

| 序号 | 摘要 | 详细内容 |
|---|---|---|
| 1 | 印鉴卡上填写的户名与单位名称 | 印鉴卡上填写的户名应与单位名称一致，卡片上应加盖单位公章、财务专用章、单位负责人或财务负责人印章；银行在为单位办理往来结算时，凭借单位预留的印鉴来审核支付凭证，如果支付凭证上加盖的印鉴与银行预留印鉴不一致，银行有权拒绝付款，从而保障单位资产的安全性 |
| 2 | 印鉴卡上加盖的单位公章、财务专用章、单位负责人或财务负责人印章 | |
| 3 | 基本存款账户开户许可证 | 以前开立银行账户，实行银行开户备案制，单位会获得开户许可证，从 2019 年年底起不再发放该许可证，单位开立基本存款账户后，会获得银行提供的基本存款账户编号，该编号可代替原基本存款账户核准号使用 |
| 4 | 银行账户开通期限 | 对于符合单位账户开立条件的客户，原则上一个工作日内开通单位银行账户，开通当天就可办理资金收付业务；需要使用银行预留印鉴办理的银行业务，一般到第二个工作日才可以办理 |
| 5 | U 盾 | 去银行办理开户的人，可以不是 U 盾使用者的身份证信息登记者 |
| | | U 盾一般有两个，一个由操作员使用，另一个由审批员使用，企业可根据业务情况，增加 U 盾购买数量 |
| | | 在银行开通 U 盾时，需要两个人的身份证原件，U 盾拿回单位进行分配时，一般会把具有操作员功能的 U 盾给出纳使用，另一个给负责审批的人员使用 |
| | | 银行里给的 U 盾密码是初始密码，U 盾拿回单位，第一次插入计算机会提示修改密码，修改好密码后即可正常使用 |
| 6 | 银行提供的账户查询密码用途 | 存款人可凭借此密码到基本存款账户的开户银行修改密码或打印已开立银行账户结算清单 |

**【技巧提示】**

有些单位的银行结算业务很多，经常需要出纳人员开户、销户，出纳人员为此需要花费很多时间来准备相关资料。如何减少重复性的准备工作呢？虽然不同银行对单位开户要求会有细微的区别，但是总体上来说都是按照中国人民银行《人民币银行结算账户管理办法》规定来监管的，所以一些基本的开户资料，例如营业执照复印件、法定代表人身份证复印件等通用资料，可以提前准备好，一套一套分开放，遇到具体业务时，提前和银行工作人员沟通，补充特殊资料，然后就可以快速去银行办理业务。

## 5.1.4 银行账户变更及撤销

单位的名称、住址等信息都是在银行开户时备过案的，因此，当这些信息发生变化时，或者单位不再使用该银行账户时，就需要出纳人员到银行办理银行账户信息的变更或者撤销手续。

（1）单位如发生表5-8所示内容，需要去开户银行办理变更申请。

表5-8 变更银行账户事项

| 序号 | 单位变更的事项 | 需向开户行提交的资料 | 自产生变更事项至去银行申请办理的期限 |
|---|---|---|---|
| 1 | 存款人名称，但不改变开户银行及账号 | 银行结算账户的变更申请，提供有关部门的证明文件 | 5个工作日内 |
| 2 | 单位法定代表人或主要负责人 | 银行结算账户的变更申请，提供有关证明 | |
| 3 | 单位住址 | | |
| 4 | 其他开户资料 | | |
| 5 | 单位公章、财务专用章等银行预留印鉴 | 提供有关证明，并注销原预留银行印鉴 | |

（2）单位如发生表5-9所示内容，应向开户银行提出撤销银行结算账户的申请。

表5-9 撤销银行账户事项

| 序号 | 单位发生的事项 | 自产生撤销事项至去银行申请办理的时限 | 需向开户行提交的资料 | 超过时限未办理 |
|---|---|---|---|---|
| 1 | 被撤并、解散、宣告破产或关闭的 | 5个工作日内 | 向开户银行提出撤销银行结算账户的申请 | 银行有权停止银行结算账户的对外支付 |
| 2 | 注销、被吊销营业执照的 | | | |
| 3 | 因迁址需要变更开户银行的 | — | 根据银行具体要求提交 | — |
| 4 | 单位决定不再继续使用该账户 | | | |
| 5 | 账户一年未发生收付活动且未欠开户银行债务 | 自银行发出通知之日起30日内 | — | 单位逾期视同自愿销户，未划转款项列入久悬未取专户管理 |

续表

| 序号 | 单位发生的事项 | 自产生撤销事项至去银行申请办理的时限 | 需向开户行提交的资料 | 超过时限未办理 |
|---|---|---|---|---|
| 6 | 单位未获得工商行政管理部门核准登记，申请撤销注册验资临时存款账户 | 验资期满后 | 根据银行具体要求提交 | — |
| 7 | 其他原因需要撤销银行结算账户的 | — | | |
| 备注 | 单位尚未清偿其开户银行债务的，不得申请撤销相应账户 | | | |

（3）出纳人员在办理银行账户注销前需要注意的事项，详见表 5-10。

**表 5-10　注销银行账户前的注意事项**

| 序号 | 注意事项 | 特殊情况的处理 |
|---|---|---|
| 1 | 清偿开户银行债务 | 未清偿，不能注销银行账户 |
| 2 | 与开户银行核对银行账户存款余额 | 核对无误后，方可注销银行账户 |
| 3 | 交回重要空白票据、结算凭证、开户登记证 | 单位无法按规定交回，应出具有关证明，造成损失的，由单位自行承担 |

## 5.2　查询银行账户信息

银行账户信息，常用的是银行账户的存款余额、往来交易明细、贷款金额、贷款利息等。如何查询银行账户信息呢？若银行账户信息与账面不相符又该如何处理呢？

### 5.2.1　银行账与对账单不符咋办

理论上讲，银行存款日记账余额应与银行对账单余额一致。但在实际工作过程中，二者余额经常不一致，引起这种现象的主要原因是单位和银行的记账时间不同，从而产生了"未达账项"。

未达账项是单位与银行之间对同一项经济业务的凭证接收存在时间差，一方入账而另一方尚未入账形成的。形成未达账项的原因以及形成的结果如表 5-11所示。

表 5-11 未达账项形成原因及结果

| 序号 | 单位 | 银行 | 银行存款日记账余额与银行对账单余额对比 |
|---|---|---|---|
| 1 | 未收 | 已收 | 存款日记账余额 < 对账单余额 |
| 2 | 已付 | 未付 | 存款日记账余额 < 对账单余额 |
| 3 | 未付 | 已付 | 存款日记账余额 > 对账单余额 |
| 4 | 已收 | 未收 | 存款日记账余额 > 对账单余额 |

由表 5-11 可看出，序号 1 和序号 2 对应的事项会导致银行存款日记账余额小于银行对账单余额，序号 3 和序号 4 对应的事项会导致银行存款日记账余额大于银行对账单余额。

当单位存在未达账项时，就需要非出纳人员编制银行存款余额调节表进行调节，如果调整后双方余额仍不一致，则需要考虑是否出现计算差错或者舞弊。

【例 5-1】

顺达公司在 2022 年 6 月 30 日的银行存款日记账余额为 893 000.00 元，银行对账单余额为 859 000.00 元，经核对后，发现存在以下未达账项。

（1）6 月 29 日，银行受物流公司委托代收运费，已从顺达公司银行账户中付出 2 500.00 元，但顺达公司并未收到通知。

（2）6 月 30 日，顺达公司开出转账支票 4 500.00 元，持票人尚未到银行办理转账手续，银行尚未入账。

（3）6 月 30 日，银行计算顺达公司第二季度存款利息为 4 000.00 元，并将款项计入企业存款户，但顺达公司因未收到银行通知并未入账。

（4）6 月 30 日，顺达公司收到日新公司开出的转账支票 40 000.00 元并入账，但未到银行办理转存手续。

顺达公司的会计人员应根据上述未达账项，编制顺达公司 2022 年 6 月银行存款余额调节表（见表 5-12）。

表 5-12 顺达公司银行存款余额调节表

日期：2022 年 6 月 30 日　　　　　　　　　　　　　　　　　　　　单位：元

| 项目 | 金额 | 项目 | 金额 |
|---|---|---|---|
| 企业银行存款日记账余额 | 893 000.00 | 银行对账单余额 | 859 000.00 |
| 加：银行已收、企业未收款 | 4 000.00 | 加：企业已收、银行未收款 | 40 000.00 |
| 第二季度存款利息 | 4 000.00 | 收日新公司转账支票 | 40 000.00 |
| 减：银行已付、企业未付款 | 2 500.00 | 减：企业已付、银行未付款 | 4 500.00 |

续表

| 项目 | 金额 | 项目 | 金额 |
| --- | --- | --- | --- |
| 物流公司运费 | 2 500.00 | 开出转账支票 | 4 500.00 |
| 调节后的存款余额 | 894 500.00 | 调节后的存款余额 | 894 500.00 |

编制完银行存款余额调节表后，银行存款日记账和银行对账单双方的余额就调节一致了。那么，出纳是否需要对未达账项进行账务处理呢？这需要分以下三种情况来具体对待。

### 1. 银行已收而企业未收款、银行已付而企业未付款

产生原因：企业未及时获得相关原始凭证而延期记账。

出纳处理方式：由于经济业务已经真实发生，出纳应在当月结账前，从银行及时取回回单等有效凭证，制作凭证和登记银行存款日记账。

### 2. 企业已收而银行未收款

产生原因：转账支票、银行承兑汇票等并不是即时到账的。出纳去开户银行办理完支票转存手续或银行承兑汇票提示付款后，便及时登记在银行存款日记账上。银行系统办理转账支票的业务需要一定的时间，如果是跨行的转账支票，一般需要 1 ～ 2 个工作日，款项才能到达企业的银行存款账户，而银行承兑汇票到账的时间会更长。

出纳处理方式：银行未收款，说明银行收款比出纳登记账本的时间滞后了，因为无法取得该业务的银行回单，出纳也就不需要编制凭证、登记银行存款日记账，但需要每天关注银行款项到账时间。

### 3. 企业已付而银行未付款

产生原因：出纳开出转账支票后，便在银行存款日记账上登记银行存款减少。但是持票人当月未到银行办理转存手续，或者银行未办理完转存手续，企业无法获得该业务凭证。

出纳处理方式：等到企业收到银行付款成功的通知后，再编制凭证、登记银行存款日记账。

另外需要注意的是，银行存款余额调节表只是用来核对企业与银行记账有无差错的手段，并不能作为记账的原始凭证，更不能以此来编制记账凭证进行账务处理。

## 5.2.2　银行对账单由出纳取回吗

银行对账单是银行和企业核对账务的联系单，反映企业在银行的资金流转情

况，为了保证企业银行资金的准确记录，企业需要每月与银行进行一次对账。

在企业里，使用和管理银行账户通常是出纳的日常工作之一。银行的相关业务，例如开户、变更、注销、存取款、收付款、拿银行回单等，往往都是出纳去办理的。当出纳在月底或月初去银行办理业务时，常常被企业会计人员要求顺便把银行对账单一起带回，很多企业里都是这样操作的，这似乎已经成为大家约定俗成的一件事了，这样操作合理、正确吗？一起来看一个案例。

**【例 5-2】**

某知名房地产企业出纳李某，侵占企业资金 4 800 余万元，用于打赏网络女主播、游戏充值、娱乐消费等。经过调查，李某利用企业银行转款管理的漏洞，挪用资金，并在每月底对账时，通过篡改银行对账单来应对会计的检查，而检查者始终未发现银行账户余额以及变动额的差异。直至会计师事务所审计时通过银行询证函核查账户，此事才暴露。

货币资金具有极强的流动性，是最容易出现舞弊情况的资产之一。由李某的事件可知，如果由出纳领取银行对账单，那么容易出现出纳利用职务及工作上的便利挪用或侵占企业资金的风险，同时也可能出现出纳通过伪造银行对账单来掩盖自己舞弊行为的风险。

因此，企业必须严格遵守并有效执行内部控制制度，明确各岗位的职责和权限，不得由一人办理货币资金业务的全过程，出纳在工作中应受到监督和制衡，以达到保护企业财产安全、防止滋生舞弊行为的目的。

关于银行对账单的管理，可以让银行直接邮寄到企业，也可由本企业中管理其他银行账户的出纳或者其他会计人员取回。

## 5.2.3　银行存款余额调节表由谁来编

5.2.1 小节讲到当银行账户存在未达账项时，企业需要编制银行存款余额调节表进行调节，那么这个表该由谁来编制呢？

"银行对账单由出纳取回吗"小节中提到，从内部控制的角度出发，银行对账单不应当由出纳取回。其主要原因是，根据不相容岗位职责分离的原则，为防止出纳出现失误或者舞弊行为，银行存款余额调节表不应当由管理该银行账户的出纳完成编制工作，应当由会计或管理其他银行账户的出纳来编制，以此来对管理该银行账户的出纳工作进行有效监督。

然而在实际工作中，出纳负责办理企业银行往来结算工作，相较其他会计人员更加了解企业银行的交易事项，能更容易、更快速编制银行存款余额调节表，因此每月的银企对账工作，往往是以出纳完成、会计复核的方式进行，但这样做能有效规避资金风险吗？

编制银行存款余额调节表，可以对银行账户资金收支业务进行梳理和核对。若出纳私自挪用或侵占资金，必然会导致银行存款日记账内容与银行对账单内容不一致，而出纳为掩盖挪用资金的事实，可能会编制虚假的银行存款余额调节表，如果会计审核不严格，是很难发现的。

因此，涉及资金往来的重点岗位，必须做到不相容岗位职责分离，从源头杜绝舞弊行为，银行存款余额调节表当然也不应当由出纳编制。

## 5.2.4　如何来查询企业信用报告

银行系统的信用报告非常重要，企业获得授信、取得贷款、开取信用证等，均需要有良好的征信记录。企业需要查询客户的征信情况时，查询途径主要如表5-13 所示。

**表 5-13　企业信用报告查询方式**

| 序号 | 查询方式 | 设备分布位置 |
|---|---|---|
| 1 | 柜台 | 人民银行分支机构 |
| 2 | | 部分商业银行网点 |
| 3 | 自助查询机 | 人民银行分支机构 |
| 4 | | 部分商业银行网点 |
| 5 | 银行自助柜员机 | 部分商业银行网点 |
| 6 | 银行网银 | 部分商业银行 |
| 7 | 手机银行 APP | 部分商业银行 |

具体查询流程可登录征信中心官网查看，或拨打征信中心官方客服电话或商业银行客服电话咨询。

通过银行网银或者手机银行 APP 查询企业信用报告，不用去现场申请，不用准备申请材料，节省了排队等待的时间，而且申请成功后，一般可以保存 7 天，这 7 天内可以随时下载。用这种方式获得的企业信用电子报告的法律效力等同于纸质版报告。

# 第 6 章　银行票据的管理要点

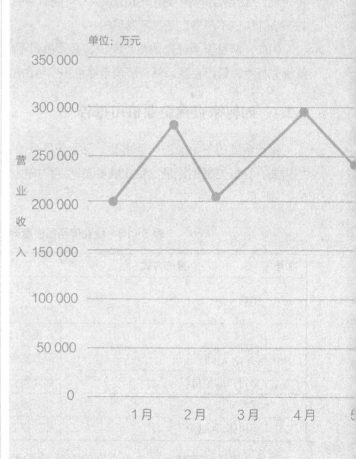

单位：万元

营业收入

| | 7月 | 8月 | 9月 | 10月 | 11月 | 12月 |

间

银行结算票据的种类较多，随着社会的进步，结算方式在发生变化，票据的品种、使用频次也在变化。按结算方式不同，我国常见支付结算工具如图 6-1 所示。本章将介绍常用票据的使用以及管理。

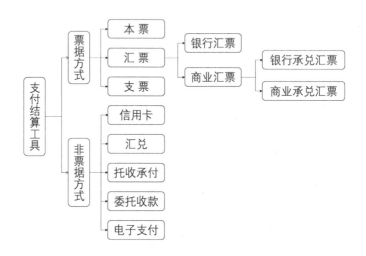

图 6-1　我国常见支付结算工具

## 6.1　支票如何使用管理

支票是常见的票据之一，由在银行开设有账户的企业或个人签发，收款人或持票人凭支票可以到银行办理提示付款业务。

### 6.1.1　如何购买支票

企业如果需要使用某个银行的支票来进行往来结算，那么需要先去该银行开设账户，并在账户里存入款项。支票结算方式，只能在同一票据交换区域内结算，不能跨区域结算；如果办理支票影像业务，则支票可以在全国通用。

#### 1. 支票的种类

出纳人员在使用支票时，要根据业务结算性质，确定使用哪种类型的支票。支票按照支付票款的方式，分为表 6-1 所示的三种类型。

### 表6-1　支票的种类及特点

| 序号 | 种类 | 特点 | 备注 |
|---|---|---|---|
| 1 | 普通支票 | 票面未印"现金"或"转账"字样，可用于支取现金以及转账 | 在支票正面的左上角画两条平行线后，为划线支票，可用于转账，不能用于支取现金。以中国农业银行的支票为例，支票由存根联以及支票联组成，见图6-2 |
| 2 | 现金支票 | 票面印"现金"字样，只能用于支取现金 | 以中国农业银行的现金支票为例，票样见图6-3 |
| 3 | 转账支票 | 票面印"转账"字样，只能用于转账 | 以中国农业银行的转账支票为例，票样见图6-4 |

**图6-2　中国农业银行普通支票票样**

**图6-3　中国农业银行现金支票票样**

**图 6-4　中国农业银行转账支票票样**

**2. 支票的购买方式**

（1）不同的银行在出售支票时，会要求企业提供不同的资料，出纳人员购买支票前，最好与银行工作人员联系，询问清楚需要携带什么资料。

（2）出纳人员携带资料去开户银行后，填写结算凭证领购单，并加盖银行预留印鉴。

（3）出纳人员将结算凭证交给银行工作人员，并告之需要购买的支票种类。

（4）银行工作人员确认所填写的凭证等资料无误后，会告诉出纳人员本次购买支票的工本费和手续费的金额，以及该笔费用会从企业银行账户扣除。银行工作人员操作结束后，会把支票和所支付费用的银行凭证一起给出纳人员。

（5）出纳人员应当场验证支票种类、号码、数量等，确认无误后，将资料带回企业。

这里提醒一下，出纳人员去银行购买支票时，可以一并把企业的银行回单、银行对账单带回，这样可以减少出纳人员外出的次数，从而节省时间，提高工作效率。

## 6.1.2　如何填写支票

使用支票时，可以手写信息，也可以打印信息，如果手写信息，需要使用黑色的碳素墨水或者签字笔来书写。

支票上包含很多信息，如果信息填写错误，轻则作废这张支票，重则由于多支付或者少支付金额给企业带来损失。本小节按照支票正面从上到下、从右到左的顺序来说明如何填写支票。

**1. 出票日期的填写**

支票上的出票日期必须使用大写数字，即零、壹、贰、叁、肆、伍、陆、柒、捌、玖、拾，出票日期填写当天日期。

（1）日期中的"年"的书写方式。

要完整地写出年份大写数字，不能只写年份的后两位数字，例如 2022 年，不能简单地写成贰贰年，应该把年份写完整，即贰零贰贰年。

（2）日期中的"月"的书写方式。

壹月、贰月、壹拾月的数字前面必须写"零"字，例如零壹月、零贰月、零壹拾月。

（3）日期中的"日"的书写方式。

①壹日至玖日、壹拾日、贰拾日、叁拾日的数字前面，需要写"零"字，例如零壹日、零贰日。

②拾壹日至拾玖日的数字前面，应该写"壹"字，例如壹拾壹日、壹拾贰日。

**2. 收款人的填写**

支票可以用于本单位取款或者转账，也可以用于支付其他单位或个人款项。支票收款人应根据实际收款人来填写，要填写收款人全称，不能写简称。收款人如果是企业，收款人名称应与营业执照上的名称一致；收款人如果是个人，收款人名称应该与个人身份证上的姓名一致。如果两者存在不一致，收款人在去银行办理支票业务时，可能无法取得款项。

支票中的填写内容，字迹要规范整齐，不能出现字迹潦草、涂改、伪造、变造等情况。

**3. 金额的填写**

支票上需要同时填写大小写金额，且大小写金额应一致，否则会导致支票无效。

（1）阿拉伯数字应当按照一个空格填一个数字的方法进行填写，数字要填写得完整清楚，不能连笔以及涂改。

（2）阿拉伯数字最高位金额的前面应写上货币币种符号，金额数字与货币币种符号中间不能留有空白。

（3）数字中如果有零，全部要写上，不能留有空白；角、分位，如果是零，也需要写上，如表 6-2 所示。

**表 6-2 支票小写金额的填制**

| 亿 | 千 | 百 | 十 | 万 | 千 | 百 | 十 | 元 | 角 | 分 |
|---|---|---|---|---|---|---|---|---|---|---|
| | | | ¥ | 5 | 2 | 6 | 0 | 3 | 0 | 0 |

（4）人民币金额大写的方法在 3.2.3 小节已经介绍过，这里不再展开说明。

**4. 用途的填写**

支票用途按照经济业务的实际内容填写，一般使用比较多的有备用金、差旅费、货款、工资等。

**5. 密码的填写**

在支票密码器中输入日期、支票号码、金额等信息后，会获得相应的数字，即为密码，将阿拉伯数字填写在支票上即可。

**6. 出票人签章**

在出票人签章的右边，加盖银行预留印鉴，一个是财务专用章，一个是个人名章（一般是法定代表人章）。在盖章前，最好先试盖，以查看印章和印油有没有问题，试盖完后，要撕毁试盖的纸张。所盖的印章一定要清晰，不能有缺失、模糊的情形，如果盖模糊了，可以在旁边加盖。

**7. 支票存根联的填写**

出纳人员把支票存根联上的出票日期、收款人、金额、用途等填写完整后，将存根联整齐地撕下来。领取支票的人员需在支票存根联上签名。出纳人员保管好支票存根联，作为编制记账凭证的附件。

# 6.2 汇票如何使用管理

在现有的经济业务往来结算方式中，汇票占据着很大的比例。汇票是指出票人签发的、委托付款人在见票时或者在指定日期无条件支付确定的金额给收款人或者持票人的票据。本节主要说明银行承兑汇票、商业承兑汇票、电子商业汇票、银行汇票的管理与使用。

## 6.2.1 银行承兑汇票的管理与使用

现在很多企业都在使用银行承兑汇票（见图 6-5）进行往来结算，这主要是因为企业在办理银行承兑汇票时，只需要保证在票据到期日账户存款余额大于票面金额。在这种情况下，无论企业资金是否充足，都可以先办理银行承兑汇票，进行正常的经济业务往来结算；在汇票到期日前，企业把足额的款项存入银行存款账户即可。这样提高了企业的资金使用率，极大地缓解了企业的资金压力，同时促进了企业发展。

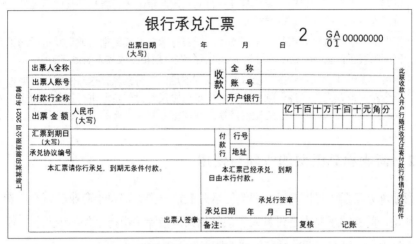

**图 6-5　银行承兑汇票**

### 1. 申请条件

企业去银行办理银行承兑汇票，需要具备下列条件：在银行开立人民币存款账户，与银行具有真实的委托付款关系，企业资信状况良好，具有支付汇票金额的可靠资金来源。

### 2. 办理及结算流程

银行承兑汇票的办理及结算流程如表 6-3 所示。

**表 6-3　银行承兑汇票的办理及结算流程**

| 序号 | 流程 |
|---|---|
| 1 | 企业向银行提交银行承兑汇票申请书及银行要求提供的其他资料，例如有的银行要求企业提供购销合同、财务报表等 |
| 2 | 银行审批通过后，与企业签订银行承兑汇票承兑协议等 |
| 3 | 企业缴纳保证金，或办理质押冻结手续，或提供担保，并缴纳承兑手续费 |
| 4 | 银行将办理好的银行承兑汇票第二联、承兑协议的第一联、客户缴款回单等交给企业 |

续表

| 序号 | 流程 |
|---|---|
| 5 | 企业将办理好的银行承兑汇票交给收款人（收款人可将该汇票背书转让给其他收款人，或者拿到银行办理贴现业务，或者持有至到期去银行办理委托收款） |
| 6 | 企业在银行承兑汇票到期日前，把票款足额存至签发汇票的银行存款账户 |
| 7 | 持票人在汇票到期日前，委托其开户行向签发汇票的银行发出委托收款通知，或者持票人直接到签发汇票的银行办理提示付款业务 |
| 8 | 签发汇票的银行收到银行承兑汇票后，于银行承兑汇票到期日或到期日后的见票当日按照票面金额，将款项从付款企业的银行账户划转到收款人的银行账户 |
| 9 | 如果应支付票款的企业账户没有款项或者不足以支付票款，这时候银行需要根据汇票金额向持票人无条件付款，同时根据承兑协议对付款企业进行扣款，对于尚未扣足的金额，转入付款企业的逾期贷款户并按每天万分之五的利率收取利息 |

## 6.2.2　商业承兑汇票的管理与使用

商业承兑汇票（见图6-6）和银行承兑汇票一样，都属于商业汇票。二者的主要区别是，前者的承兑人是付款人（该付款人是指除了银行之外的企业），后者的承兑人是银行。显然，商业承兑汇票的信用低于银行承兑汇票。

商业承兑汇票是由付款人签发并承兑，或由收款人签发交由付款人承兑，在该汇票到期日前，付款人把足额的款项存入银行存款账户的汇票，这可以极大地缓解企业的资金压力，提高企业资金使用率。

图6-6　商业承兑汇票

### 1. 申请条件

企业去银行办理商业承兑汇票，需要具备下列条件：在银行开立人民币存款账户，与付款人存在真实的委托付款关系，具有支付汇票金额的可靠资金来源。

### 2. 办理及结算流程

商业承兑汇票的办理及结算流程如表 6-4 所示。

**表 6-4　商业承兑汇票的办理及结算流程**

| 序号 | 流程 |
| --- | --- |
| 1 | 出票人（指付款企业或者收款企业）根据银行要求，携带相应资料去银行办理商业承兑汇票，出票人可根据付款要求，签发不同期限、不同金额的汇票 |
| 2 | 出票人将承兑好的商业承兑汇票交给收款人（即持票人）（收款人可选择将该汇票背书转让给其他收款人、拿到银行办理贴现业务、持有至到期去银行办理委托收款） |
| 3 | 出票人在商业承兑汇票到期日前，把票款足额存至银行存款账户 |
| 4 | 持票人在汇票到期日前，委托其开户行发出委托收款通知，或者持票人直接到签发汇票的银行办理提示付款业务 |
| 5 | 付款人提前收到应由其承兑汇票的通知，通知银行于汇票到期日付款。<br>付款人收到银行的付款通知，应该当日告知银行付款。<br>如果付款人在收到通知日的次日起 3 日内（遇法定节假日顺延）未通知银行付款，视同付款人同意付款；银行将于付款人收到通知日的次日起第 4 日（遇法定节假日顺延），将款项支付给持票人 |
| 6 | 银行支付票款时，如果付款人的账户不足以支付票款，银行应填制付款人未付票款通知书，连同商业承兑汇票邮寄给持票人的开户银行，由其转交给持票人 |

## 6.2.3　电子商业汇票的管理与使用

电子商业汇票，是现在很常见的一种结算方式。相较于传统的纸质商业汇票，电子商业汇票有电子化、无纸化的优势，正逐步代替实物票据。电子商业汇票使用起来更加安全、方便、快捷，使用时，只需要通过网银即可完成出票、背书转让、贴现等操作，大大降低了企业结算成本、提升了企业结算效率，对于企业控制融资风险具有十分重要的作用。

电子商业汇票，按照承兑人的不同，可分为两种类型，如表 6-5 所示。

**表 6-5　电子商业汇票的类型及承兑人**

| 序号 | 类型 | 承兑人 | 备注 |
|---|---|---|---|
| 1 | 电子银行承兑汇票（见图 6-7） | 银行或财务公司 | 付款人为承兑人 |
| 2 | 电子商业承兑汇票（见图 6-8） | 银行、财务公司以外的法人或其他组织 | |

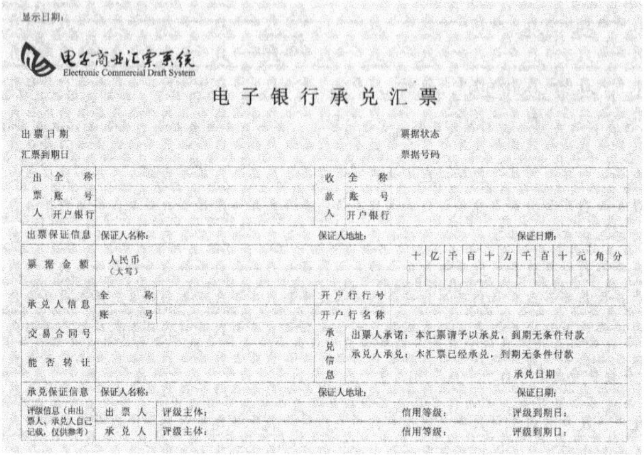

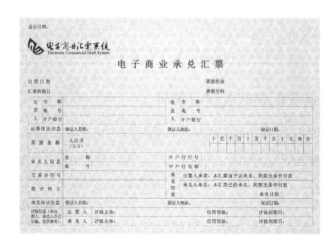

显示日期：
电子商业汇票系统 Electronic Commercial Draft System
电子银行承兑汇票
出票日期　票据状态
汇票到期日　票据号码

| | | | | | |
|---|---|---|---|---|---|
| 出票人 | 全称 | | 收款人 | 全称 | |
| | 账号 | | | 账号 | |
| | 开户银行 | | | 开户银行 | |
| 出票保证信息 | 保证人名称： | | 保证人地址： | | 保证日期： |
| 票据金额 | 人民币（大写） | | | | 十 亿 千 百 十 万 千 百 十 元 角 分 |
| 承兑人信息 | 全称 | | 开户行行号 | | |
| | 账号 | | 开户行名称 | | |
| 交易合同号 | | | 承兑信息 | 出票人承诺：本汇票请予以承兑，到期无条件付款 | |
| 能否转让 | | | | 承兑人承兑：本汇票已经承兑，到期无条件付款 | |
| | | | | 承兑日期 | |
| 承兑保证信息 | 保证人名称： | | 保证人地址： | | 保证日期： |
| 评级信息（由出票人、承兑人自己记载，仅供参考） | 出票人 | 评级主体： | 信用等级： | | 评级到期日： |
| | 承兑人 | 评级主体： | 信用等级： | | 评级到期日： |

**图 6-7　电子银行承兑汇票**

显示日期：
电子商业汇票系统 Electronic Commercial Draft System
电子商业承兑汇票
出票日期　票据状态
汇票到期日　票据号码

| | | | | | |
|---|---|---|---|---|---|
| 出票人 | 全称 | | 收款人 | 全称 | |
| | 账号 | | | 账号 | |
| | 开户银行 | | | 开户银行 | |
| 出票保证信息 | 保证人名称： | | 保证人地址： | | 保证日期： |
| 票据金额 | 人民币（大写） | | | | 十 亿 千 百 十 万 千 百 十 元 角 分 |
| 承兑人信息 | 全称 | | 开户行行号 | | |
| | 账号 | | 开户行名称 | | |
| 交易合同号 | | | 承兑信息 | 出票人承诺：本汇票请予以承兑，到期无条件付款 | |
| 能否转让 | | | | 承兑人承兑：本汇票已经承兑，到期无条件付款 | |
| | | | | 承兑日期 | |
| 承兑保证信息 | 保证人名称： | | 保证人地址： | | 保证日期： |
| 评级信息（由出票人、承兑人自己记载，仅供参考） | 出票人 | 评级主体： | 信用等级： | | 评级到期日： |
| | 承兑人 | 评级主体： | 信用等级： | | 评级到期日： |

**图 6-8　电子商业承兑汇票**

### 1. 申请条件

企业办理电子商业汇票，需要具备的条件如表 6-6 所示。

表 6-6 办理电子商业汇票的条件

| 序号 | 条件 |
|------|------|
| 1 | 具有真实的交易背景，与开户银行具有债权债务关系 |
| 2 | 在商业银行开立人民币银行结算账户 |
| 3 | 具有中华人民共和国组织机构代码 |
| 4 | 具备办理电子商业汇票的基本技术条件，例如是商业银行的网银客户 |
| 5 | 开户银行能够提供电子商业汇票服务 |

**2. 办理及结算流程**

电子银行承兑汇票与电子商业承兑汇票的办理及结算流程基本相同，由于电子银行承兑汇票在企业日常经济结算中应用范围更广，这里以电子银行承兑汇票为例来说明其办理及结算流程，如表 6-7 所示。

表 6-7 电子银行承兑汇票的办理及结算流程

| 序号 | 流程 |
|------|------|
| 1 | 企业去银行开设企业网银 |
| 2 | 企业与银行签订电子商业汇票业务服务协议 |
| 3 | 企业通过网上银行发起电子银行承兑汇票签发申请，并在账户里存入手续费 |
| 4 | 承兑银行审批，审批通过则企业收到票据 |
| 5 | 企业将票据状态由"提示承兑待签收"改为"提示承兑已签收" |
| 6 | 企业向收款方提示收票，此时票据状态变为"提示收票待签收" |
| 7 | 收款方收到票据后，点击签收，票据状态变为"提示收票已签收"；收款方可根据需要进行背书转让、贴现、质押、保证或持有到期后提示付款 |
| 8 | 企业在票据到期日前，把票据足额存至银行存款账户 |
| 9 | 持票人在票据到期日前或提示付款期内发起提示付款，超过提示付款期或者票据到期日 2 年内发起逾期提示付款通知，需要填写逾期原因说明 |
| 10 | 承兑人在收到提示付款请求的当日至次日（遇法定休假日、大额支付系统非营业日、电子商业汇票系统非营业日顺延）付款或拒绝付款 |

## 6.2.4 银行汇票的管理与使用

银行汇票（见图 6-9）在现在的往来结算中，使用很广泛，这主要是由于它自身的特点。

（1）信用度高，安全可靠。银行汇票是由银行签发的，签发的前提条件是付款人在银行预存款项。

（2）使用地域广。银行汇票同城、异地都可以进行结算。

（3）提示付款期长。银行汇票的提示付款期为1个月，可用于采购周期比较长的业务。

（4）使用面广。企业和个人都可以办理使用银行汇票。

（5）接受度高。相较于商业汇票，银行汇票由于是见票即付的，受到广泛的欢迎。

（6）结算准确，余额自动退回。有时候以汇款或者支票等方式进行支付，会存在多付的情况，如果使用银行汇票，则汇票金额内的款项可以按照实际结算金额进行结算，同时出票银行会将剩余的金额退还给申请汇票的企业。

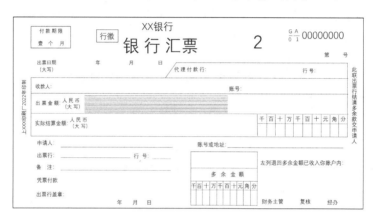

**图 6-9　银行汇票**

银行汇票的办理及结算流程如表6-8所示。

**表 6-8　银行汇票的办理及结算流程**

| 序号 | 流程 | 补充说明 |
| --- | --- | --- |
| 1 | 申请人向出票银行提交银行汇票申请书 | |
| 2 | 出票银行受理银行汇票申请书，按照票面金额收取款项后，签发银行汇票，并将银行汇票和解讫通知交给申请人 | 银行在汇票上记载收款人，有两种方式：<br>1.记载交易关系中应收取款项的收款人<br>2.记载申请汇票的企业，或者该企业的经办人员 |
| 3 | 申请人将银行汇票和解讫通知一起交给收款人 | 申请人或者取得汇票的收款人，根据实际应支付的款项，填写实际结算金额，该金额不得超过出票金额 |

续表

| 序号 | 流程 | 补充说明 |
|---|---|---|
| 4 | 申请人或者收款人将实际结算金额和多余金额填入银行汇票和解讫通知相应栏内 | |
| 5 | 收款人持银行汇票和解讫通知去银行办理汇票提示付款 | |
| 6 | 出票银行根据银行汇票和解讫通知所填写的实际结算金额支付款项给持票人，多余金额由出票银行退还给申请人 | 银行不予受理的三种情况：<br>1. 未填明实际结算金额<br>2. 实际结算金额超过出票金额<br>3. 实际结算金额存在涂改 |

## 6.3  其他票据的使用管理

支票和汇票是较为常用的银行结算票据，但是这两种支付结算方式并不能满足企业所有的支付需求，本节将介绍另外四种支付结算方式，分别是银行本票、委托收款、托收承付、信用证。

### 6.3.1  银行本票的管理与使用

银行本票（见图6-10）是指由银行签发，在见票时按照票面金额支付给收款人或者持票人的票据。银行本票可用于同一票据交换区域内款项的结算，单位和个人均可以使用。

**图6-10  银行本票**

银行本票的办理及结算流程如表6-9所示。

表 6-9　银行本票的办理及结算流程

| 序号 | 流程 | 补充说明 |
|---|---|---|
| 1 | 申请人填写银行本票申请书并加盖银行预留印鉴，按票面金额将款项存入银行账户 | 1. 申请人或者收款人是单位的，不能申请办理现金银行本票<br>2. 银行本票的收款人可以填申请人，也可以填实际的收款人 |
| 2 | 出票银行受理银行本票申请书，收妥款项后，将银行本票签发给申请人 | |
| 3 | 申请人将银行本票交给票面上的收款人 | |
| 4 | 收款人可以将银行本票背书转让或者去银行办理收款转账业务 | 持票人超过提示付款期要求付款的，在票据权利时效内（自出票日起两年内）向出票银行提交银行本票及本人身份证或单位证明，可请求出票银行付款 |
| 5 | 出票银行审核无误后，支付款项给持票人 | 如果申请人因银行本票超过提示付款期等其他原因要求退款时，应向出票银行提交银行本票及单位证明 |

## 6.3.2　委托收款的管理与使用

委托收款，是收款人委托银行向付款人收取款项的结算方式。委托收款使用范围很广，单位、个人都可以使用这种方式来收取同城或异地款项，付款人可以是单位、个人，也可以是银行。

收款人办理委托收款的流程如下。

（1）收款人填写委托收款凭证（凭证上银行信息填写要求见表 6-10），并向银行提交有关债务证明。

表 6-10　委托收款凭证的银行信息填写要求

| 序号 | 类型 | | 必须记载事项 |
|---|---|---|---|
| 1 | 付款人 | 银行以外的单位 | 付款人开户银行名称 |
| 2 | 收款人 | 银行以外的单位 | 收款人开户银行名称 |
| 3 | | 在银行开立存款账户的个人 | |
| 4 | | 未在银行开立存款账户的个人 | 被委托银行名称 |

常见的有关债务证明为水电费单、电话费单、已承兑的商业汇票、债券、存单等。

（2）银行收到寄来的委托收款凭证及有关债务证明并审核无误后，向付款人发送付款通知。

（3）付款人收到付款通知及有关债务证明等资料后，应及时查明是否为本单位应付的款项、款项金额是否正确、是否到了提示付款期，并在提示付款期内确定是否支付款项。

如付款人决定拒绝付款，应在收到相关通知、证明的 3 日内填制好拒绝付款通知，并送交银行。付款人出具拒绝付款证明的时间及方式如表 6-11 所示。银行划转款项的时间如表 6-12 所示。

**表 6-11　付款人出具拒绝证明的时间及方式**

| 序号 | 付款人类型 | 出具拒绝证明的时间 | 银行邮寄给被委托银行并转交收款人的资料 |
| --- | --- | --- | --- |
| 1 | 银行 | 收到委托收款凭证及债务证明的次日起 3 日内 | 拒绝证明、有关债务证明、凭证 |
| 2 | 单位 | 收到付款人通知的次日起 3 日内 | 拒绝通知、债务证明（如果有债务证明，应送交开户银行）、有关凭证 |

**表 6-12　银行划转款项的时间**

| 序号 | 付款人类型 | 款项支付日期 | |
| --- | --- | --- | --- |
| 1 | 银行 | 当日 | |
| 2 | 单位（不包括银行） | 付款人接到通知 | 当日书面通知银行，银行立即付款 |
| | | | 接到通知日的次日起 3 日内未书面通知银行付款，则默认付款人同意付款，银行于接到通知日的次日起第 4 日上午营业时将款项划给收款人 |
| | | 付款人提前收到由其付款的债务证明 | 通知银行于债务证明的到期日付款，则银行按照通知付款 |
| | | | 未于接到通知日的次日起 3 日内通知银行付款，且接到通知日的次日起第 4 日在债务证明到期日之前，银行于债务证明到期日将款项划给收款人 |

（4）银行办理划款时，如果付款人存款账户余额不足以支付款项，则银行将未付款通知书连同相应的债务证明（如果存在）邮寄给被委托银行，由其转交给收款人。

## 6.3.3　托收承付的管理与使用

托收承付，是根据购销合同，收款人发货后，委托银行向异地付款人收取款项，付款人根据购销合同核对单证或者验货后，向银行承诺付款的一种结算方式。

托收承付结算，是本节中应用范围最狭窄的一种结算方式，需要满足表 6-13 所列的条件。

表 6-13　托收承付结算适用的条件

| 序号 | 条件 | 补充说明 |
|---|---|---|
| 1 | 异地商品交易，以及因商品交易产生了相关劳务结算 | 不适用于代销、寄销、赊销商品的款项结算 |
| 2 | 签订购销合同 | — |
| 3 | 收款单位、付款单位，需属于以下类型：<br>1. 国有企业<br>2. 供销合作社<br>3. 城乡集体所有制工业企业 | 城乡集体所有制工业企业需要同时满足经营管理较好并经开户银行审查同意的两个要求 |

销货单位办理托收承付的一般流程如下。

（1）收款方、付款方签订购销合同，合同上应注明使用托收承付结算方式。

（2）收款人发货后，向银行提供托收凭证、交易单证、发运证件或其他证件，委托银行向异地付款人收取款项。

（3）银行审核托收承付结算凭证的记载事项（见表 6-14），如果缺少任意一项，则银行不予受理。

表 6-14　托收承付结算凭证的记载事项

| 序号 | 内容 |
|---|---|
| 1 | 表明"托收承付"的字样 |
| 2 | 确定的金额 |
| 3 | 付款人的名称、账号、开户银行名称 |
| 4 | 收款人的名称、账号、开户银行名称 |
| 5 | 托收附寄单证张数或册数 |
| 6 | 合同名称、号码 |
| 7 | 委托日期 |
| 8 | 收款人签章 |

（4）付款人开户银行收到托收凭证及其附件后，应及时通知付款人。

（5）付款人应在承付期内审查核对，并确定是否付款。承付货款分为两种类型，如表 6-15 所示。

**表 6-15　承付货款的类型**

| 序号 | 付款类型 | 核对方式 | 承付期 | 承付期起算方式 |
|---|---|---|---|---|
| 1 | 验单付款 | 承付通知和相关凭证、合同核对 | 3 天 | 付款人开户银行发出承付通知的次日算起，遇法定节假日顺延 |
| 2 | 验货付款 | 验单，以及商品全部验收入库 | 10 天 | 承运单位发出提货通知的次日算起，遇法定节假日顺延 |

（6）付款人开户银行根据付款人指定的划款方式，把款项划转给收款人。付款人开户银行在划款时，会遇到几种常见的情况，如表 6-16 所示。

**表 6-16　付款人开户银行划款时常见的情况**

| 序号 | 时间期限 | 常见的情况 | 付款人开户银行处理方式 |
|---|---|---|---|
| 1 | 承付期内 | 付款人未向银行表示拒绝付款 | 银行在承付期满的次日（遇法定节假日顺延）将款项划给收款人 |
| | | 付款人对不符合付款条件的款项，可向银行提出全部或部分拒绝付款 | 银行按照付款人要求办理 |
| 2 | 承付期满日 | 付款人无足够资金支付 | 不足部分，按延期付款处理 |

## 6.3.4　信用证的管理与使用

信用证，是指银行依据申请人的申请开立的、对相符交单予以付款的承诺。

国内信用证以人民币为计价单位，只能用于转账结算，不能用于支取现金。办理国内信用证涉及的主要程序如下。

（1）企业（申请人）向银行提交信用证申请书、信用证申请人承诺书、购销合同等资料，向信用证保证金专户存入款项，根据银行要求提供相应的抵押、质押、保证等担保形式。

企业可以指定通知行，如果没有指定，则由开证行来指定。

（2）银行根据申请人提供的资料，开具信用证。信用证分为信开和电开两种方式，信开以纸质形式寄送通知行，电开以数据电文形式寄送通知行。信用证上的基本记载事项有很多，表 6-17 列举了几项需要重点关注的事项。

表6-17　信用证需要重点关注的事项

| 序号 | 类型 | 信用证须记载的字样 | 申请人需要指定的银行类型 |
|---|---|---|---|
| 1 | 可转让信用证 | "可转让" | 指定一家转让行 |
| 2 | 保兑信用证 | "可保兑" | 指定一家保兑行 |
| 3 | 议付信用证 | "议付" | 指定某一家银行进行议付，或者选择任意银行都可以进行议付 |

（3）通知行收到信用证或者信用证修改书，审查资料内容，自收到信用证次日起3个营业日内，如果同意通知，则通知受益人，如果拒绝通知，则告知开证行。

（4）受益人收到信用证通知后，确定能履行信用证的要求，即开始装运货物。

（5）受益人按信用证所规定的单据提交给通知行或其他相关银行。

（6）开证或保兑行按照信用证审核单据。如单据审核通过，则银行按照信用证规定进行支付、承兑或者议付；如发现单据不符，决定拒付的，应在收到单据的次日起5个营业日内一次性将全部不符点通知交单行或受益人。

如果开证行、保兑行、议付行未在信用证有效期内收到单据，开证行有权在信用证逾有效期1个月后注销信用证。

# 6.4　票据的其他管理事项

在使用票据时，有时候会遇到票据丢失或者票据权利时效过期的情况，那么这时候该如何处理呢？

## 6.4.1　票据丢失的处理方式

票据丢失或者被盗后，如果不快速实施补救措施，那么款项就有可能被支付给取得票据的人，而实际的收款人收不到该笔款项。票据丢失或者被盗后，可参考下列程序处理。

### 1. 向上级汇报

出纳人员遇到票据丢失或者被盗的情况，不要因为担心被领导责备，就想着自己去解决，正确做法是第一时间向上级领导汇报，在领导的指挥下，共同来处理这件事。这样往往会处理得更快，发生损失的可能性也会大大降低。

### 2. 采用补救方式

票据丢失后，可以采用三种方式进行补救，分别是：挂失止付、公示催告和普通诉讼。

（1）挂失止付。

挂失止付，是指付款人或代理付款人接到通知后，经审查暂停支付的一种方式。这种方式不是票据丢失后的必经措施，是暂时的预防措施，最终要通过公示催告或普通诉讼进行补救。这里的"代理付款人"，是指根据付款人的委托，代其支付票据金额的银行、城市信用合作社和农村信用合作社。

挂失止付适用于以下四种票据：已承兑的商业汇票、支票、填明"现金"字样和代理付款人的银行汇票、填明"现金"字样的银行本票。

挂失止付的程序如下。

①申请。

失票人及时通知付款人或者代理付款人进行挂失止付，在实践工作中，往往需要失票人填写挂失止付通知，签章后交给付款人或者代理付款人。

②受理。

付款人或者代理付款人等按照表 6-18 所示的情况进行相关处理。

#### 表 6-18　挂失止付的情况及处理方式

| 序号 | 相关当事人 | 情况 | 处理方式 |
|------|-----------|------|----------|
| 1 | 付款人或者代理付款人 | 收到挂失止付通知书之前，已向持票人付款的 | 不再承担责任 |
| | | 收到挂失止付通知书后，经查明该票据未付款 | 应立即暂停支付 |
| | | 收到挂失止付通知书之日起 12 日内，未收到人民法院的止付通知书 | 自第 13 日起，不承担止付责任 |
| 2 | 承兑人或者承兑人开户行 | 收到挂失止付通知或者公示催告等司法文书，并确认票据未付款 | 当日暂停支付 |

（2）公示催告。

公示催告，是指失票人请求人民法院以公告方式通知不确定的利害关系人在一定期限内申报权利。使用公示催告，需要注意表 6-19 所示的内容。

表 6-19 公示催告注意事项

| 序号 | 事项 | 需要满足的条件 | 备注 |
|---|---|---|---|
| 1 | 申请时间 | 挂失止付后的 3 日内，或在票据丢失后 | |
| 2 | 申请人 | 可以背书转让票据的最后持票人 | |
| 3 | 受理方 | 票据支付地人民法院 | |
| 4 | 票据的种类 | 可以背书转让的票据 | 填明"现金"字样的银行汇票、银行本票、现金支票，由于不能背书转让，所以不能使用公示催告 |

公示催告的程序如下。

①申请。

失票人填写公示催告申请书。

②受理。

人民法院决定受理公示催告申请，会进行表 6-20 所示的程序。

表 6-20 人民法院受理公示催告申请后的主要程序

| 序号 | 开始时间 | 程序内容 |
|---|---|---|
| 1 | 即时 | 通知付款人及代理人停止支付 |
| 2 | 立案之日起 3 日内 | 发公告，催促利害关系人申报权利 |

付款人或者代理付款人收到人民法院发出的止付通知，在公示催告期间内，应停止支付，擅自支付的，需要承担票据责任。

③公告。

公告期间不得少于 60 日，且公示催告期间届满日不得早于票据付款日后 15 日。可以选择多条途径发布公告，不论通过哪条途径发布，均应该在同一天发布。

发布公告的途径主要包括：全国性报纸或者其他媒体、人民法院公告栏内、证券交易所等。

④判决。

公示催告期间内，人民法院根据是否收到利害关系人的申报，按表 6-21 所示的两种方式分别处理。

**表 6-21　人民法院的两种处理方式**

| 序号 | 是否收到申报 | 处理方式 |
|------|------|------|
| 1 | 已收到 | 裁定终结公示催告程序，并通知申请人和支付人 |
| 2 | 未收到 | 做出除权判决，宣告票据无效。判决公告后，通知支付人（自判决公告之日起，申请人有权向支付人请求支付） |

（3）普通诉讼。

普通诉讼的一般程序是，失票人向人民法院提起民事诉讼，请求法院判定付款人或者其他票据债务人，并使其按照票据金额支付款项给失票人。

## 6.4.2　票据过了提示付款期的处理程序

"有权不用，过期作废"，这句话同样适用于票据权利。票据权利是有时效性的，如果在时效期间内不行使，就会引起票据权利丧失，可能给企业带来损失。

了解票据权利时效，可以有效避免票据权利丧失。表 6-22 列举了常见票据的一些权利时效。

**表 6-22　持票人票据权利时效**

| 序号 | 票据种类 | 对出票人的权利 | 对承兑人的权利 | 对前手的追索权 | 对前手的再追索权 | 提示付款期 |
|------|------|------|------|------|------|------|
| 1 | 支票 | 自出票日起6个月 | | | | 自出票日起10日 |
| 2 | 银行汇票 | 自出票日起2年 | | 被拒绝付款日起6个月 | 自清偿日或被提起诉讼之日起3个月 | 自出票日起1个月 |
| 3 | 银行本票 | | | | | 自出票日起最长不超过2个月 |
| 4 | 商业汇票 | 自票据到期日起2年 | 自票据到期日起2年 | 被拒绝承兑或被拒绝付款日起6个月 | | 自票据到期日起10日 |

如果持票人在提示付款期内行使了付款请求权，并完成了票据的收款，那么就不需要行使追索权、再追索权。

持票人超过提示付款期提示付款，付款人、代理付款人或者承兑人拒绝支付票款，出票人应对持票人承担票据责任。表 6-23 列举了常见的票据过了提示付款期的处理程序。

表 6-23　持票人超过规定期限提示付款的影响及常见的处理程序

| 序号 | 票据种类 | 影响 | 处理程序 |
|---|---|---|---|
| 1 | 支票 | 丧失对出票人以外的前手的追索权 | 持票人向出票人行使追索权，出票人承担清偿责任 |
| 2 | 银行汇票 | | 持票人做出说明后，在票据权利时效内，向出票人请求付款 |
| 3 | 银行本票 | | |
| 4 | 商业汇票 | 丧失对其前手的追索权 | 持票人做出说明后，在票据权利时效内，向承兑人申请付款 |

持票人在行使追索权时，可以请求被追索人支付以下款项。

（1）被拒绝付款的票据金额。

（2）利息，计算期间为自票据到期日或者提示付款日起至清偿日止；利率，中国人民银行规定的同档次流动资金贷款利率。

（3）取得有关拒绝证明和发出通知书的费用。

# 第 7 章　其他实物的管理要点

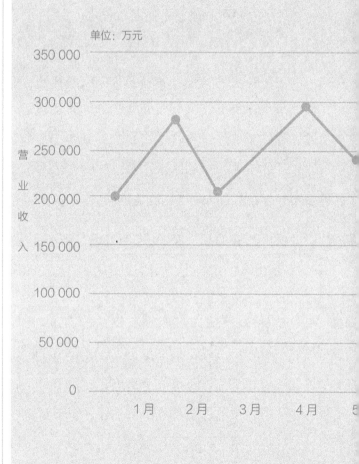

单位：万元

营业收入

350 000

300 000

250 000

200 000

150 000

100 000

50 000

0

1月　2月　3月　4月

7月    8月    9月    10月    11月    12月

间

出纳人员是单位的重要管家，除了管理本单位的钱财外，还管理着很多重要的印章、收据、单据、钥匙等物品。管理好这些实物，是有一定技巧的。

# 7.1 印章的管理使用

印章是一个单位除了人之外最宝贵的财产，单位常用的印章主要有公章、法定代表人章、财务专用章、合同专用章等。不同的印章有不同的使用规则，印章保管人在使用时应遵守规则。本节主要介绍出纳人员的印章管理职责。

## 7.1.1 印章如何刻制与备案

刚刚成立的单位中，办公室人员一般都配备不足，但出纳人员往往是优先配备的。毕竟所有单位都是依靠资金展开运营的，有资金就有出纳人员。单位的印章刻制往往也由出纳人员负责办理。印章刻制分为法定印章的刻制和其他印章的刻制，其中法定印章的刻制又分为首套刻制和非首套刻制，具体操作见表7-1。

表7-1 单位不同印章的刻制

| 序号 | 印章的种类 | | 印制流程 |
|---|---|---|---|
| 1 | 法定印章 | 单位公章、财务专用章、发票专用章、法定代表人章、合同专用章 | 首套 | 新开办单位在办理营业执照时，市场监督管理部门会采集印章刻制信息，推送给刻章单位，刻章单位再将申刻单位信息通过网络同步报送公安机关备案，这样大大节省了新开办单位办理印章备案的时间。<br>现在很多地方政府为了优化营商环境，推出"一次办结"的服务，因此新开办单位办理营业执照的当天，就可以免费领取这5枚印章（有的地方是可以领到4枚印章，领取的印章不包含合同专用章） |
| 2 | | | 非首套 | 如果需要刻制第二套法定印章，需要经过审批，未经审批不得私刻印章。通过审批后，办事人员应去已通过公安机关备案的刻章单位刻章，刻章单位会把申刻单位信息通过网络同步报送公安机关备案。具体可以咨询当地的市场监督管理部门 |
| 3 | 其他印章 | | | 日常办公需要部门章、收讫章、付讫章等，刻制这些印章不需要去公安机关备案 |

单位刻制好新印章后，如果涉及在银行预留印鉴的印章，应及时去开户银行备案，以免影响办理银行相关结算业务。

## 7.1.2  新印章如何进行启用

单位取得新印章，该如何启用呢？新印章拿回来，不能马上使用，应首先在印章启用登记表上做好戳记，并填写相关内容，如表7-2所示。

**表7-2  印章启用登记表**

| | |
|---|---|
| 新印章名称： | 新印章留印处： |
| 印章枚数： | |
| 刻章日期： | |
| 领用（启用）日期：　年　月　日 | |
| 领用部门： | |
| 保管人（签字）： | |
| 领用部门负责人（签名）： | |
| 法定代表人签字： | |

填写好的印章启用登记表应存放在单位档案里，以便备查。

同时，如果是旧章作废，启用新印章后，应在单位内部下发正式文件，文件内容应包含单位原有旧章作废、启用新印章、启用新印章的时间、新印章的使用范围等，详见图7-1。

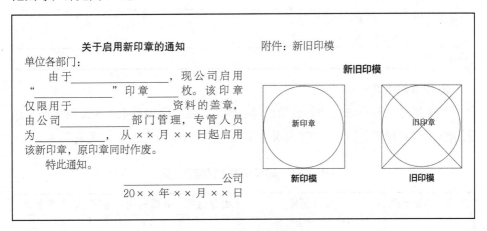

**图7-1  启用新印章的通知**

## 7.1.3 印章该如何移交销毁

印章的移交和销毁，都要按照一定的流程来进行。

### 1.印章的移交

印章保管人调岗或者不再保管印章，应由部门主管指定人员保管印章，并填写印章移交登记表，详见表7-3。

表7-3 印章移交登记表

| 移交双方填写 | 移交人 | | 印章留样 |
|---|---|---|---|
| | 接收人 | | |
| | 监交人 | | |
| | 移交印章类别 | （ ）公章<br>（ ）法定代表人章<br>（ ）财务专用章<br>（ ）其他印章： | |
| | 移交印章数量 | _____枚 | |
| | 移交原因 | | |
| | 移交时间 | （ ）临时：自____年___月___日至____年___月___日止<br>（ ）永久：自____年___月___日起 | |
| | 本印章自_____年___月___日_____时_____分起，其保管责任和用印责任均由接收人负责。<br>接收人签字： | | |
| 总经理审批意见 | 意见：<br>日期：_____年___月___日 | | |
| 备注 | | | |

### 2.印章的销毁

如果印章需要作废（例如公司已经注销），经总经理批准，应及时把印章送到指定部门封存或者销毁，并在印章销毁/封存登记簿上登记，详见表7-4。

表7-4 印章销毁/封存登记簿

| 序号 | 印章名称 | 印章留样 | 处理意见 | 处理时间 | 经手人 | 审批人 |
|---|---|---|---|---|---|---|
| | | 旧印章 | | | | |

## 7.1.4 印章管理和盖章技巧

单位的印章具体应该由谁来管，法律并没有明确的规定。各个单位可以根据实际情况来安排印章的管理人员，不论是安排谁来保管和使用印章，都要遵循不相容职务相互分离的原则。也就是授权人、执行人与监督人三权分立，如果人员数量有限，授权人与监督人可以合二为一。

比如，出纳去银行提款需要在现金支票上加盖财务专用章。如果出纳负责保管财务专用章，那么出纳作为取款的执行人，不通过授权人的授权就可以自行加盖印章，轻易获得取款的权力。所以财务专用章不能同时由出纳管理和使用。

无论谁来管理印章，对印章都应该心存敬畏。因为印章保管人承担着重要职责，一旦印章保管、使用不当，单位和个人就可能面临着损失或赔偿。

### 1. 单位不同印章的使用范围

不同印章有不同的使用范围。例如发票专用章只能加盖在发票上，盖在合同上就没有法律效力。所以印章的使用，是讲究规则的。单位常用印章的使用范围见表7-5。

**表7-5 单位常用印章的使用范围**

| 序号 | 印章名称 | 使用范围 | 补充说明 |
|---|---|---|---|
| 1 | 公章 | 公章代表着单位的意志，除法律有特殊规定外（如发票、支票等的盖章），通常用于对外发送公函、证明、介绍信、财务报表、通知、合同、对外签署法律文件等 | 如果单位有合同专用章，则签订合同也可以使用合同专用章 |
| 2 | 发票专用章 | 发票联、发票抵扣联及发票清单、做账的发票复印件 | |
| 3 | 合同专用章 | 合同 | 若单位没有合同专用章，可以加盖公章 |
| 4 | 银行预留印鉴－财务专用章 | 用于办理与银行相关的业务，例如涉及支票、银行承兑汇票等业务；用于财务往来结算，例如在收据上盖章 | 使用时，一般需要和在银行预留的个人名章配套使用 |
| 5 | 银行预留印鉴－个人名章 | 用于办理与银行相关的业务，例如涉及支票、银行承兑汇票等业务 | 个人名章，一般是法定代表人章，有些单位也会涉及其他员工，例如财务负责人 |

### 2. 盖章前的审批流程

单位印章有很多种，其审批流程根据单位规模的不同，印章管理员的不同，以及审批事件的不同各有不同。以某小型企业的公章审批流程为例，来介绍印章审批流程。印章审批流程见图7-2。

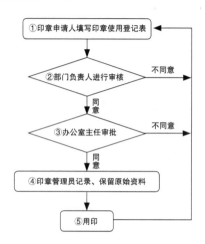

**图7-2　印章审批流程**

①印章申请人填写印章使用登记表，见表7-6。

**表7-6　印章使用登记表**

| 序号 | 日期 | | 盖印内容 | | | 审批人 | | 印章管理人 | | 盖印日期 | 备注 |
|---|---|---|---|---|---|---|---|---|---|---|---|
| | 月 | 日 | 用途 | 报送部门 | 份数 | 部门负责人 | 经办人 | 用印审批人 | 印章管理员 | | |
| | | | | | | | | | | | |
| | | | | | | | | | | | |

②部门负责人进行审核，在审核时，主要负责审核资料的真实性。

③办公室主任审批，主要审核流程是否执行到位、资料是否符合单位规章制度要求。

④印章管理员记录、保留原始资料，印章管理员要对用印文件进行审核，主要审核资料内容及份数是否与印章使用登记表一致，是否存在错印、漏印，单位审批流程是否执行到位，待审核无误后，才能在相关资料上盖章，如发现有不合规的地方，可以退回给印章申请人。印章管理员应留存电子版或纸质版资料以备查。印章使用登记表填写不完整的，印章管理员有权拒绝盖章。

⑤用印，印章管理员对审核后的资料进行盖章，涉及合同等资料应加盖"骑

缝章"。

### 3.盖章的操作手法

（1）准备好以下物品。

印章、印垫（如果没有，可以用厚的本子或书替代，替代品需要表面光滑、平整）、印泥（除了特殊要求外，印泥的颜色都选朱红色）、盖章的资料。

（2）用印的操作手法详见表7-7。

**表7-7 用印的操作手法**

| 序号 | 步骤 | 操作说明 |
|------|------|---------|
| 1 | 须印章管理员本人盖章 | 应由印章管理员本人用印，不能由他人经手，同时要保证印章在印章管理员本人的视线里 |
| 2 | 确认印章没有用错 | 用印前，应确认好印章的文字，以免用错印章，导致资料作废 |
| 3 | 在废纸上试盖 | 如果是新的印泥，可以先在空白地方试盖，尤其是加盖支票、银行单据时，一定要先试盖，看看印泥的情况，以及印章是否正确，确认好后再盖章，同时应撕毁试盖的纸 |
| 4 | 阅读盖章提示 | 对于有盖章提示的资料，例如支票、汇票、发票等，应在提示的位置盖章；有些资料要求盖章必须在框内，盖的章不能压着框线等，在给这些资料盖章时，事先要仔细阅读资料上的提示，再盖章 |
| 5 | 盖章 | 用印后，不要把其他资料覆盖在盖印的资料上，待印油晾干后，再把资料放在一起 |
| 6 | 在监控下盖章 | 如果单位安装了监控，建议在监控范围内盖章 |

### 4.印章安全使用须知

印章代表着一定的单位权力，印章管理员作为用印的最后一道安全"防线"，一定要严防死守，做好资料的审核工作，避免盖错章引起的法律纠纷。安全使用印章须知如表7-8所示。

**表7-8 安全使用印章须知**

| 序号 | 内容 | 补充说明 |
|------|------|---------|
| 1 | 盖印一定要压住字 | 除了银行预留印鉴外，在使用单位印章时，例如公章、合同专用章等，不要在空白地方盖章，应压着印章对应的单位、部门等的名称来盖，这样可以防止有人复制印章 |
| 2 | 使用"此页无正文""此页无内容"字样 | 单位在用印时，有时候需要在无正文的页面上盖印，这时候，需要在无正文页面上注明"此页无正文""此页无内容"的字样 |

续表

| 序号 | 内容 | 补充说明 |
|------|------|----------|
| 3 | 多张资料加盖骑缝章 | 如果需要盖章的资料有很多张，应盖上骑缝章，以防资料被替换 |
| 4 | 不规范资料不盖章 | 资料存在涂改、内容不合规等情况时，不能盖章，应退回，让对方重新提供规范的资料 |
| 5 | 严审空白资料 | 严禁填盖空白合同、协议、证明、介绍信、收据、支票、委托书等。如因工作需要，需经部门主管或总经理同意后，方可开具上述材料。<br>申请者确定好内容后，需及时向单位汇报，如条件许可，提供复印件给印章保管员，如申请者后期不使用该资料，应退回给印章管理员，印章管理员应妥善保管好这些退回资料 |
| 6 | 银行票据要盖清楚 | 与银行相关的单据，印鉴要盖清楚，否则可能导致票据被退回，进而影响办理单位的收付款业务 |

### 5.保管各类印章的方式

单位印章安全保管说明详见表7-9。

**表7-9　印章安全保管说明**

| 序号 | 内容 |
|------|------|
| 1 | 印章应该由专人专柜保管，保存印章的柜子必须安全可靠，需带锁保管，如条件允许，可安装监控 |
| 2 | 印章管理员不可私自委托他人代为保管印章 |
| 3 | 印章管理员和使用人必须分开 |
| 4 | 公章、财务专用章、法定代表人章、收据、银行票据，需要由不同的人保管 |
| 5 | 每年年终，印章管理员应将印章使用登记表原件送单位档案保管处存档，新的一年启用新的印章使用登记表 |
| 6 | 印章管理员离职，需要办理印章归还手续 |

## 7.1.5　印章外带原则应熟知

单位人员有时候需要携带印章外出办事，携带印章外出，需要预先申请，并填写携带印章外出申请表（见表7-10）。

表 7-10　携带印章外出申请表

| 用章部门 | | 用章申请人 | | 印章名称 | |
|---|---|---|---|---|---|
| 用章事由<br>及使用范围 | | | | | |
| 领取日期 | | | 使用期限 | | |
| 部门负责人<br>意见 | | | 总经理审批<br>意见 | | |
| 交接记录 | 借出印章 | 移交人签名 | 接收人签名 | 交接时间 | |
| | | | | 年　月　日　时　　分 | |
| | 归还印章 | 移交人签名 | 接收人签名 | 交接时间 | |
| | | | | 年　月　日　时　　分 | |
| 备注 | 1. 交接双方要确认印章是否正确和完好<br>2. 印章必须在使用期限内归还<br>3. 携带印章外出期间，印章借用人对印章的使用后果承担一切责任 | | | | |

　　填写表 7-10 需要注意的是，印章借出及归还的时间应精确到分；携带印章外出期间，借用人对印章的使用后果承担一切责任，同时印章管理员有责任督促借用人尽早归还印章。

　　为了进一步加强携带印章外出的安全性，可以指定一名人员随同携带者，以确保印章安全使用。

## 7.1.6　印章被盗、丢失怎么办

　　印章是一项非常宝贵的资产，更是权力与责任的象征。如果印章遗失或者被盗，如何减少损失、降低对公司日常经营活动的影响呢？

　　对于大多数公司来说，重要的印章主要包括公章、财务专用章、合同专用章、法定代表人章。这里介绍这四种印章被盗和丢失的处理。

### 1. 印章被盗的处理

如果印章被盗，印章管理员应执行表 7-11 所示的程序。

表 7-11　印章被盗的处理程序

| 步骤 | 内容 | 操作说明 |
|---|---|---|
| 第一步 | 保护现场 | 禁止任何人接触或者破坏现场 |
| 第二步 | 电话联系部门负责人 | 在电话中向部门负责人说明情况，请求其来到现场，同时对其他人保密 |

续表

| 步骤 | 内容 | 操作说明 |
|------|------|----------|
| 第三步 | 观察是否有其他物资丢失 | 在不破坏现场的前提下，查看是否有其他物资丢失 |
| 第四步 | 回忆细节 | 回忆之前是否有可疑的细节 |
| 第五步 | 查看监控 | 联系监控管理人员查看监控视频里是否出现可疑人员 |
| 第六步 | 报警 | 拨打 110 报案 |
| 第七步 | 协助警察破案 | 配合警察的询问、做好笔录 |

### 2. 印章丢失的处理

首先印章申请人应去经过的地方再找一遍，同时向印章管理员汇报印章丢失这一情况，印章管理员知晓后，应上报部门负责人，由部门负责人上报总经理。

如果印章最后还是找不到，印章管理员应立刻联系办公室人员，在市级及以上级别报纸上进行公告，一般至少需要公告 3 天。接下来印章管理员应带着公告的报纸、法定代表人及经办人的身份证原件、营业执照副本原件等资料，去经过公安机关备案的刻章单位进行刻章。

在进行刻章时，刻章单位会同步把刻章信息传送到公安机关，所以单位不用特意去公安机关报备。

需要注意的是，单位至少要取得 3 份以上发布印章丢失公告的报纸，一份用于申请刻章，一份去银行办理公章变更时使用，另一份留档保存。

拿到重新刻制的新印章后，应按照 7.1.2 小节的内容启用新印章。

# 7.2 收据的管理使用

收款收据简称收据，是收款人开具给付款人的收款凭证。收款人收到的无论是货币资金，还是实物资产或者其他资产，都可以向付款人开具收据。收据属于收据使用人或单位自行制作的凭证。对于使用量不大的收据，收据使用人也可以在超市、商店中购买。

收据代表收款的行为已经发生，可以作为法律证据，因此收据的重要性不言而喻。对于企业来讲，收据的管理、使用、保管非常重要。

## 7.2.1 收据领用、使用、核销

收据的使用非常广泛。有些企业为了提高收据的辨识度，会自己印制收据，不但设计专用的格式，还会印上企业的 LOGO 等内容。这样的空白收据应该和空白发票一样严格保管。

企业在领用、使用、核销收据时，一般流程如图 7-3 所示。

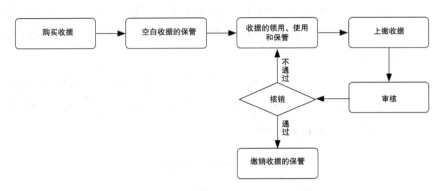

**图 7-3　收据领用、使用、核销流程**

### 1. 购买收据

企业购买收据时，应关注收据的基本内容。收据的内容必须包括交款项目（事由）、交款人与收款人、大小写金额、收据编号。收据的联次至少要有三联，分别是存根联、收据联、记账联。收据样式如图 7-4 所示。

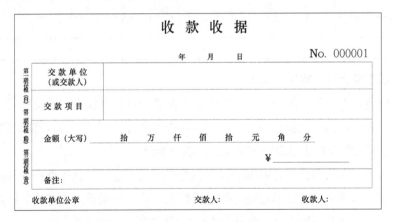

**图 7-4　收据样式**

### 2. 空白收据的保管

企业统一购买空白收据后，应交由出纳人员以外的人员保管。空白收据保管人应认真履行保管空白收据和监督空白收据领用、回收的职责，同时将空白收据详细登记在空白收据收发簿上。由于加盖了印章或者已签字的收据具有法律效力，所以应分别保管空白收据与印章。对于未填写金额，但加盖了印章的收据，在当天未能使用的情况下，应于下班前注销作废。

### 3. 收据的领用、使用和保管

出纳人员领用收据时，应在空白收据收发簿（见表 7-12）上登记并签字确认。出纳人员可以根据不同的收款内容，例如收货款、收往来款、收员工款项等，分别领用和使用收据。

出纳人员在使用收据时应规范填列，严禁涂改、挖补或撕毁，不得跳号使用。

作废收据的三联应一起存放并加盖"作废"印章或者画线逐联注明"作废"字样，按照收据序号进行顺序保存。

#### 表 7-12 空白收据收发簿

购买日期：_____年____月____日　　　　保管人：_____

购买数量：_____　　　　　　　　　收据起止号码：_____ ~ _____

| 序号 | 收据起止号码 | 领用时间 | 领用人签字 | 交回时间 | 已开收据总金额 | 作废份数 | 入账情况 | 审核人签字 |
|---|---|---|---|---|---|---|---|---|
| 1 | | | | | | | | |
| 2 | | | | | | | | |
| 3 | | | | | | | | |
| 4 | | | | | | | | |
| 5 | | | | | | | | |

### 4. 收据的上缴、审核、核销

有些会计人员较少的企业，出纳人员会保管一本正在使用中的空白收据，以方便每日开具收据。大多数情况下，每本收据为 25 份。出纳人员在使用完 25 份收据后，将收据存根上缴至收据保管人，以旧换新。

收据保管人收到该部分收据后，应当对收据是否连号、是否存在缺号、收据上的签字是否齐全、入账是否完整等进行检查，检查无误后对该部分收据进行核销，发放给出纳人员新的空白收据，并及时填写空白收据收发簿。

### 【例 7-1】

聪明教育培训学校的学员在入学报名时，需要交纳饭卡、服装、门禁卡等的押金，正常流程是收到学员的押金后，出纳给学员开具收据，学员毕业后向学校提供收据，学校会退回押金。

2022 年 4 月 11 日，聪明教育培训学校聘请精勇会计师事务所对其进行内控审计。该会计师事务所在审计过程中，发现收据存在缺号的情况。随后注册会计师根据缺号收据与账面核对，发现凭证里没有这部分收据。出纳最终坦白，他把部分现金收款的收据撕毁，私吞这部分现金，学员过来退押金时，他就用其他学员现金收款的押金条来抵。所以一直未被发现。

小小的收据，如果使用不当，就会引发重大内控问题，从而给单位带来损失。单位内部应加强对收据的管理，必要时，可以借助第三方审计公司来对内部管理情况进行审计。

### 5. 缴销收据的保管

完成缴销的收据属于会计档案，与当年的会计档案一同存放。会计收据应当按年度整理成册移交至单位档案室进行保管，收据存根至少应当保管 5 年。

## 7.2.2 收款收据如何开具

根据"谁收款谁开收据"的原则，在单位里一般是出纳收款并同时开具收据，会计审核收据并签字后，再在收据上盖财务专用章或公章。在填写收据内容时，需注意表 7-13 中所列的事项。

表 7-13 填写收据的注意事项

| 序号 | 项目 | 注意事项 |
|---|---|---|
| 1 | 日期 | 按照实际收款日期填写 |
| 2 | 交款单位 | 交款方可能是单位，也可能是个人，在填写的时候，需要填写交款方的全称 |
| 3 | 金额 | 大小写金额应一致，大写金额应自左侧顶格写，不能留空格 |
| 4 | 事由 | 填写收取款项的具体原因时，如果是用支票、汇票、本票等票据来进行结算，应写上票据的号码 |
| 5 | 收款人 | 收款人签名 |
| 6 | 交款人 | 交款人签名 |
| 7 | 收款单位 | 加盖单位财务专用章或公章 |

### 【例 7-2】

出纳刘泉在 2022 年 1 月 10 日收到客户交过来的一张转账支票，如图 7-5 所示。出纳刘泉该如何开收据给对方呢？

图 7-5　转账支票

出纳审核完转账支票后，应填写收据给对方，开具的收据内容如图 7-6 所示。

图 7-6　收款收据

**【重要提醒】**

如果这张支票由北京清服五交化有限公司（以下称清服五交化公司）背书转让给单位 A，单位 A 与北京宗诚恭制造有限公司（以下称宗诚恭制造公司）发生经济业务时使用这张支票进行结算，则该收据上的交款单位，不能写支票的开票方名称，而是应该写单位 A。

在填写收据时，如果收据内容填写错了，则在各联次加盖"作废"印章，或者手写"作废"字样。如果收据已经撕下来了，则贴到原来的位置，不能随意撕毁、丢弃。

如果填好内容的收据被退回，应问明原因，如果内容填写有误，则重新开具正确的收据给对方。

如果是除了金额以外的地方填错，则把写错的收据记账联从凭证里撕下来，重新贴上正确的收据记账联，然后把收据的记账联和收据联贴到原来的收据存根联后面。

如果是收据金额填错了，重新填写收据后，应红冲根据原来收据所做的会计分录，再做一笔正确的会计分录，同时把新的收据贴在凭证后面。

## 7.2.3  定金、订金大有不同

定金和订金，好多人区分不开。在填写收款收据时，使用哪种写法预付的款项可以退回来，使用哪种写法预付的款项不能退回来呢？

【例7-3】

于强在安翔4S汽车店预定了一辆23万元的车，支付了5万元的定金，收银员给其开具了一张收款收据，收据收款事由为"定金"。过了几天，于强打算买朋友介绍的另一辆车，就不想买预定的这辆车了。那么，于强支付的5万元定金可以要求退还吗？

【例7-4】

2022年3月15日，友好加油站为员工找了一套房子，年租金5万元，行政人员宋清和房东张海顺协商好，先支付1 000.00元，一周后签合同支付剩下的49 000.00元。宋清通过微信转账给张海顺，转账备注是"租房订金"。过了3天，宋清告诉张海顺说不租房子了，并要求张海顺退1 000.00元。

定金与订金的区别如表7-14所示。

**表7-14  定金与订金的区别**

| 序号 | 名称 | 概念类型 | 是否具有担保功能 | 是否可抵顶款项 | 付款方违约，是否可要求收款方退款 | 收款方违约，是否需赔偿付款方 |
|---|---|---|---|---|---|---|
| 1 | 定金 | 法律用语 | 是 | 是 | 无权请求返还定金 | 双倍返还定金 |
| 2 | 订金 | 习惯用语 | 否 | 是 | 可以请求退还订金 | 仅可作为预付款或损失赔偿金 |

在【例7-3】中，于强获得的收据列明的是"定金"，如果付款方于强不想购买这辆车了，属于违约行为，那么安翔4S汽车店可以拒绝退还5万元定金。如果是安翔4S汽车店不卖此车造成的违约，则需要按定金双倍的价格10万元返还于强。

而在【例7-4】中，宋清在微信转账时，备注的是"租房订金"。订金并非对租房行为的确定担保，而是属于房租金额的一部分。如果宋清不想租这套房子，房东应该退还其 1 000.00 元预先支付的房租。

如果付款人希望其违约时可以退还款项，则应注明款项是"订金"。

### 7.2.4　收据每联如何处理

收据一般都有三联，第一联是存根联，第二联是收据联，第三联是记账联。但是也有一些收据是两联的，相比三联式收据，缺少了存根联。

在【例 7-2】中，出纳刘泉开具了一张收据，一共有三联，如图 7-7 至图 7-9 所示。

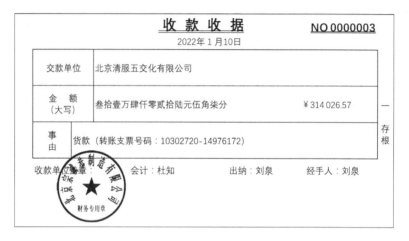

**图 7-7　收款收据存根联**

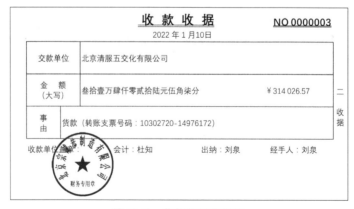

**图 7-8　收款收据收据联**

**图 7-9 收款收据记账联**

不同联次的收据，往往是通过收据联不同的颜色，以及收据右边标注的联次来进行区分的。收据第一联为存根联，一般不会撕下来，而是保存在收据本里；收据第二联为收据联，由交款方保管，这里因为是清服五交化公司交款，所以收据应该给这家公司；收据第三联为记账联，出纳刘泉会撕下来，在记账时使用。

### 7.2.5 收款必须开收据吗

在平常的收付款结算时，有些人认为收到款后还要给对方开具收据，纯粹是增加出纳的工作量，那么收款到底要不要开收据呢？

【例 7-5】

小刘的车出故障了，去亿达汽车修理店修车。小刘付款时，出纳问他是否要收款收据，小刘想着维修的是自己的车，就没要收据。小刘付完维修费用就离开了这家修理店。

过了几天，小刘听车友说，亿达汽车修理店的出纳卷款私逃了，涉及金额有 6 万元左右。

又过了几天，亿达汽车修理店的出纳被抓到了。出纳坦白的信息：客户来付款时，其中一部分人不要收据也不要发票，由于这些钱都由他一个人管，也没有人复核他的收款金额，他发现这个漏洞后，就趁大家都下班了，把没有开收据和没有开发票的现金悄悄拿走了。

在这个案例中，出纳抓住了没有收据和发票就无法确定现金收款具体金额的漏洞，把单位的钱款挪走。

在日常工作中，出纳在收取现金时，要养成收一笔钱开一张收据的好习惯。这样做有利于现金的管理，也有利于后期登记日记账，防止出现坐支以及舞弊的情况。

在一个单位里，不仅出纳会收到款项，其他人员也可能会收到款项。例如业务人员外出时，可能会存在收款的情况。加强单位人员收到款项就必须开收据的意识，有利于防止出现现金管理漏洞。

## 【例 7-6】

海纳公司的出纳老隋，接到广联公司业务员小张的电话，说之前欠付的工程款已经通过银行汇款了，需要其配合开具一张收款收据。出纳老隋说不用开收据，用银行回单就行，并提醒小张银行回单足以证明付款业务的真实性，不用再开收据。

原始凭证是证明业务发生的载体，对于银行业务，银行回单和收据都是可以证明往来款项真实存在的原始凭证，那么在有银行回单的情况下，收款方需要开收据给付款方吗？对于付款方来说两者是否都需要取得？还是取得其一即可？

银行回单和收据来自不同的主体，其证明的效力也不一样。银行属于第三方机构，其证明力和公信力强于收付款双方。而收据由收款方开具，是最为直接的让收据开具方承认收款的证明。二者通过不同的角度证明同一件事情，全都取得的话，对于付款方来讲有更大的保障，有利于降低收款方的舞弊风险。

对于付款方广联公司来说，只有银行回单没有收据，无法直接证明是否存在真实的付款行为。

银行回单是银行付款后产生的单据，作为第三方的银行，出错概率较低，其出具的银行回单的证明力也较强。银行回单对付款的金额、收款人、付款人等均能够做出明确的证明，但它不能证明付款事由的真实性，因为付款事由是由付款方单方面提供的。因此，银行回单除了对业务内容的证明效力较差外，其他的证明效力是足够的。

如果收款方发现业务内容有误，应及时与付款方沟通。如果收款方没有沟通，也不同意配合开具收据，并不会影响业务本身的真实性。

在收款方拒不配合的情况下，付款方可以采取一些措施防止收款方不承认业务内容。比如通过电话录音确定对方已经收到款项，并确定业务内容无误，还可以利用微信、电子邮件等多种方式确认。

## 7.2.6　借款的单据退不得

借款单作为一种记录企业资金往来的内部管理单据，一旦该项资金被使用了，就不能销毁或退回，应作为原始单据来编制凭证。

**【例7-7】**

2022年1月6日，采购部的丛小强借了1 000.00元用于购买打印纸；2022年1月10日，丛小强拿着200.00元现金和800.00元的打印纸发票来财务部报销。

报销结束后，丛小强说账都结清了，让出纳把当初1 000.00元的借款单（见图7-10）给他，于是出纳就把丛小强的借款单还给了他。

### 借款单

借款日期：2022年1月6日

| 借款部门 | 采购部 | | 借款人 | 丛小强 | | | | | | | | | ①存根②收据③记账 |
|---|---|---|---|---|---|---|---|---|---|---|---|---|---|
| 借款事由 | 购买打印纸 | | | 佰 | 拾 | 万 | 仟 | 佰 | 十 | 元 | 角 | 分 | |
| 借款金额 | （大写）壹仟零佰零拾零元零角零分 | | | | | ¥ | 1 | 0 | 0 | 0 | 0 | 0 | |
| 支付方式 | ☑现金　□电汇　□支票（票号：＿＿＿＿＿）　□其他：＿＿＿ | | | | | | | | | | | | |
| 审批意见 | 同意借款 | | 借款人签收 | 丛小强 | | | | | | | | | |

部门经理：童紫　部门主管：秦琴　财务经理：司绘　财务主管：杜知　出纳：刘泉

**图7-10　丛小强借款单**

借款单是出纳支款的依据，出纳在实际工作中，应根据借款单编制原始凭证，待借款人把借款结清了，给借款人开具收据即可，不能把借款单退还给借款人。如果归还了借款单，则无法记录这项经济活动，也就无法真实反映企业的资金流动情况。

但很多企业的财务人员，对于这种小额且在月内同时发生完成借款还款行为的业务采取了不登记账簿、并退还借款单的行为。那说明这些财务人员忽略了小额业务对整体业务的影响。

在【例7-7】中，如果出纳并未退还丛小强借款单，而是在借款结清后，给丛小强开具收据（见图7-11），则这样的操作合法合理。

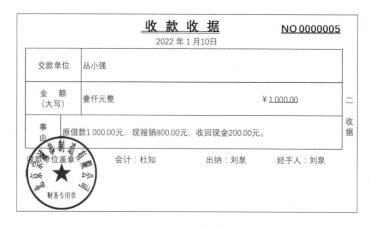

**图 7-11　收款收据**

（1）根据丛小强填写的借款单，出纳将 1 000.00 元支付给丛小强的会计分录如下。

借：其他应收款——丛小强　　　　1 000.00

　贷：库存现金　　　　　　　　　　　　1 000.00

（2）根据丛小强的打印纸发票以及开给丛小强的收据所做的会计分录如下。

借：库存现金　　　　　　　　　　200.00

　管理费用——办公费　　　　　　800.00

　贷：其他应收款——丛小强　　　　　　1 000.00

那什么情况下的单据可以销毁呢？如果借款人在填写借款单时写错了或者写废了，可以当场撕毁单据，撕毁时尽量用碎纸机等工具把借款单粉碎成小纸片，以防止借款单被他人粘贴复原。

# 7.3　其他物资的管理使用

保险柜是出纳的"好朋友"，这位"好朋友"会帮出纳保管好现金、有价票据、印章、收据、发票等，给出纳带来安全感。

保险柜有用钥匙打开的传统机械式的，也有用密码就可以打开的电子式的，目前，电子式的保险柜相较于传统式更安全，使用更广泛。

## 7.3.1　保险柜如何使用最安全

对于现金交易较多的企业来说，保险柜的管理非常重要，要特别关注保险柜的摆放、使用等的安全性。

**1. 保险柜的安全摆放**

这里介绍的保险柜的摆放针对的是一般企业，并不包括银行等金融机构。如果保险柜摆放不恰当，可能无法保护企业财产，反而会给企业的财产带来危险。

（1）保险柜应放在一个隐蔽的地方，以防止被很多人看见。

（2）保险柜应靠墙、靠地面放置，最好能固定在地面，以防止保险柜被偷走。

（3）保险柜要远离门口、窗口，避免被其他人看到保险柜内的钱财、物资等。

（4）放置保险柜的办公室要安装防盗窗、防盗门，这样可以提升整个办公室的安全性能。必要时，应将保险柜放置在 24 小时有人值守的地方。

（5）可以安装摄像头，一是可以起到震慑的作用，二是有助于时刻确认保险柜的安全性，三是如果保险柜及柜内财产被盗，有助于找到相关责任人。

（6）保险柜要远离大多数人的视觉区域，避免保险柜操作人员进行输入密码等操作的时候，被其他人看到。

**2. 保险柜的安全使用**

很多人认为保险柜很安全，在保险柜里放了很多钱财、物资，殊不知这是保险柜使用的一个很大的误区。

在日常生活中，有时候会听说某某单位或某某家里的保险柜被撬了或者保险柜被抱走了，损失严重。所以保险柜到底安不安全呢？

保险柜并不是绝对安全的，正常情况下，没有密码和钥匙是打不开保险柜的，但是用非正常的、暴力的方式，可以把保险柜撬开。所以保险柜不是万能的，不能什么都往里面存放，应按照保险柜安全使用方法使用。常用的保险柜安全使用方法如表 7-15 所示。

表 7-15　保险柜安全使用方法

| 序号 | 内容 | 具体措施 |
|------|------|----------|
| 1 | 保险柜密码的保管 | 1.为了保证保险柜密码的安全性，出纳不要把密码写在本子上，以防本子上的密码被其他人看到<br>2.保险柜的密码应给单位负责人一份封存，以备不时之需，除此之外，出纳不能将密码告知其他人<br>3.当单位更换了出纳，为防止密码泄露可能导致保险柜被盗，接手的出纳应立即更换保险柜密码 |
| 2 | 保险柜钥匙的保管 | 保险柜的钥匙应由出纳一人保管，除了给单位负责人封存备份的钥匙外，出纳不能让其他人代为保管钥匙。<br>出纳如果临时有事要离开，应立即锁好保险柜，且需要随身携带钥匙 |
| 3 | 保险柜的锁闭 | 出纳在使用保险柜时，要避开其他人员的视线，不能让他们看到具体的操作内容 |
| 4 | 现金存放要适量 | 保险柜里放置的现金要适量，这个适量是指"开户银行根据单位实际需要，给其核定的 3 ～ 5 天的日常零星开支所需的库存现金限额；如果单位地处边远地区和交通不便地区，则开户银行给其核定 5 ～ 15 天的库存现金限额" |
| 5 | 其他 | 保险柜内不能存放私人物品 |

如果出纳在日常工作中没有执行到位保险柜安全使用方法，由此引起的保险柜里的钱财、物资被盗走，出纳可能需要承担相应的经济赔偿责任。

## 7.3.2　钥匙及密码如何保管好

出纳可能是一个单位里拥有钥匙最多、知道密码最多的人之一。保证钥匙和密码的安全，是出纳的重要岗位职责。表 7-16 列举了常见钥匙及密码的保管方式。

表 7-16　常见钥匙及密码的保管方式

| 序号 | 名称 | 保管方式 | 备份方式 |
|------|------|----------|----------|
| 1 | 保险柜钥匙 | 随身携带 | 密封一份放在总经理处，或者财务经理处 |
| 2 | 抽屉钥匙 | | |
| 3 | 档案柜钥匙 | | |
| 4 | 财务室钥匙 | | |
| 5 | 网银密码 | 最好不要写在本子上，可以写在一个设置密码的电子文档里 | |
| 6 | 其他账号密码 | | |

我记得当年刚刚参加工作时，我的师傅就叮嘱我，"门钥匙和保险柜钥匙堪比生命。要随身携带，不得随意乱放"。那时的财务科在三楼最南边，旁边就是女厕所。有一次我随手关上抽屉后，把钥匙放在桌子上就去了厕所。回来以后，因为没有随身携带钥匙被师傅痛骂了一顿。当时会感觉师傅有点儿小题大做，办公区根本没有外人，这不是防同事吗？

但第三天我听说了一件事，让我惊出一身冷汗。附近一家公司的出纳的钥匙被同事复制了钥匙模，并偷配了钥匙。那个同事每天中午趁出纳吃饭时，打开出纳的抽屉偷几元、十几元。最后出纳的钱总对不上，才发现了此事。

出纳要养成随身携带钥匙，养成不容易让他人有机会偷钥匙的好习惯。如果出纳不小心把钥匙弄丢了该怎么办？有人会说，不要告诉别人，自己私下配一把，这样还可以避免被领导批评。

这种想法千万不要有，首先，钥匙是保管公司财产的重要工具，一旦钥匙被人拿走，公司钱被盗取，出纳是要承担责任的；其次，钥匙丢了，出纳私下再去配一把，这种行为属于知情不报，错上加错，在领导眼中，这种行为就是不诚信，而诚信是出纳的一项非常重要的品德要求。

正确的做法是，如果钥匙遗失了，先用备用钥匙打开相关柜子，如果打不开，则联系开锁公司打开。保险柜比较特殊，很多保险柜的生产厂家是可以帮助打开保险柜的，这时候就可以联系保险柜生产厂家看是否能打开，如果打不开，则联系开锁公司打开。之后要及时更换锁芯，以保证公司财产的安全。

# 第 8 章　收款业务需要关注的事项

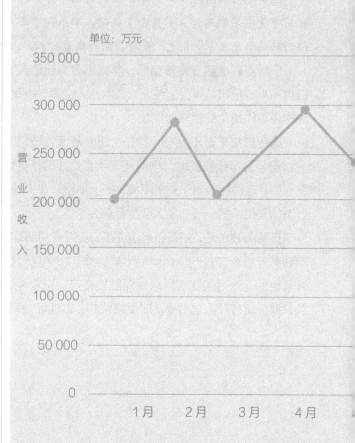

单位：万元

营业收入

350 000

300 000

250 000

200 000

150 000

100 000

50 000

0

1月　2月　3月　4月

7月　　8月　　9月　　10月　　11月　　12月

间

收款是出纳人员的一项重要工作，收款的形式多样，包括支票、汇票、本票、电汇、现金、微信、支付宝、数字货币等。收款的原因也是多种多样的，有收取货款、收回借款、收赔偿款、收劳务费等。由于收取的款项不同，核算的内容、方式不同，所以需要清晰地记录各类资金来源，因此，出纳人员应了解清楚各类收款业务的内容，准确收取款项，并记录好收款细节。

# 8.1 现金收款的关注事项

在日常经济结算中，收款方式多种多样，除了网银、微信、支付宝、票据等形式的收款，现金收款仍旧存在。

## 8.1.1 如何处理收到的假币

【例8-1】

宗诚恭制造公司要求款到发货，客户携带现金过来取货。出纳刘泉在清点现金时，发现存在一张100元的假币。

收到假币，出纳人员该如何处理？

收取现金时，出纳人员应该注意以下事项。

（1）当场盘点。刘泉收到客户支付的现金后，应当着客户的面立刻清点现金，同时告知客户应收金额、实收金额、找零金额等。

（2）对于收取的人民币存在疑问，应当场与客户沟通。这里的疑问，包括收取的款项金额与客户说的不一致，收到的人民币存在假币、残币、污损等。刘泉在现金清点过程中，如发现前面所说的问题，应立即与客户当面说清楚。

【例8-2】

宗诚恭制造公司设置了捐款箱，年末，在主管会计的陪同下，出纳刘泉把收到的捐款取出来进行清点，并填制现金盘点表。主管会计审核签字后，刘泉把该部分捐款拿到银行电汇给某慈善机构，银行工作人员在清点时发现一张100元假币，并没收了该假币。

刘泉应如何处理这件事？

首先，刘泉电汇结束后，应把银行出具的假币没收证明等银行回单带回公司。

其次，刘泉回到公司后，应向主管会计汇报这件事，并出示假币没收证明等银行单据。

**【重要提醒】**

从银行提取的现金，为了避免金额不对或者夹杂假币、残币，一定要在银行当场通过验钞机检验，如存在疑问，立即与银行工作人员当面沟通更换这部分人民币，千万不要把现金拿到公司后再进行清点，因为一旦发现问题，再回去找银行沟通，这件事情就很难处理了。

对于现金收款较多的公司，最好在关键地方安装摄像头，以便在出现问题时查找证据，并将责任落实到具体人员。

## 8.1.2　如何使用微信及支付宝收款

在现在的日常经营业务中，除了传统的电汇、支票、现金收款之外，越来越多的企事业单位选择通过微信、支付宝等第三方工具进行收款。这里主要介绍通过微信收款的账务处理方式。

**【例 8-3】**

宗诚恭制造公司是增值税一般纳税人，2022 年 1 月 4 日，报废 5 台旧计算机（处置资产明细如表 8-1 所示），共获得 1 000.00 元收入，收废品的秦老三以微信方式支付，转账到公司的微信账户。那么出纳刘泉该如何处理呢？

**表 8-1　固定资产报废审批表**

| 序号 | 资产类别 | 资产名称 | 规格型号 | 计量单位 | 数量 | 存放地点 | 取得时间 | 固定资产原值 | 折旧年限 | 净残值率 | 已计提折旧期限 | 累计折旧额 | 固定资产净值 |
|---|---|---|---|---|---|---|---|---|---|---|---|---|---|
| 1 | 电子设备 | 计算机 | 神索X-32 | 台 | 5 | 行政部 | 2015/3/1 | 20 000.00 | 3 | 5% | 3 年 | 19 000.00 | 1 000.00 |
| 合计 | | | | | | | | 20 000.00 | | | | 19 000.00 | 1 000.00 |

单位主管：王强　　财务主管：司绘　　制表人：许朵　　制表日期：2021 年 12 月 29 日

第一步：刘泉应确认公司的微信账户是否已收到 1 000.00 元款项。

第二步：刘泉打印收款账单或明细，并开具 1 000.00 元收据，让会计签字，并加盖财务专用章，然后将收据联给秦老三，收据联填制如图 8-1 所示。

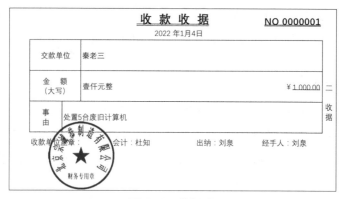

**图 8-1　收据联**

第三步：刘泉了解到，购买这批计算机时，取得的是增值税专用发票，且均已抵扣，会计分录如下。

借：其他货币资金——微信　　　　　　　　　　1 000.00

　　贷：固定资产清理　　　　　　　　　　　　917.43

　　　　应交税费——应交增值税（销项税额）　　82.57

凭证后应附上收款收据记账联及固定资产报废审批表。

第四步：由于微信收款实行"资金 T+1 到账"，即今日收款，次日公司银行账户到账，所以刘泉应该在微信收款的第二天，再做一个会计分录。

由于当时的微信商家支付手续费率是 0.6%，所以 1 000.00 元的手续费是6.00 元。

会计分录如下。

借：银行存款——货泉银行　　　　　　　　　994.00

　　财务费用——微信手续费　　　　　　　　6.00

　　贷：其他货币资金——微信　　　　　　　　1000.00

凭证后附银行回单。

## 8.1.3　如何处理收回的备用金

备用金通常是指企业或其他单位、组织拨付给内部单位和员工用作差旅费、采购等零星开支的款项，不能挪作他用或者转借给他人。

【例 8-4】

2022 年 1 月 20 日，广联公司的业务员张刚出差回来，退回剩余的备用金

1000.00 元，出纳刘雁收到 1000.00 元现金后，填制图 8-2 所示收据，并进行以下会计处理。

**图 8-2 归还备用金收据**

借：库存现金       1 000.00

  贷：其他应收款 – 张刚    1 000.00

这里需要注意以下几点内容。

（1）现金要当场查验，如有异议，要当面提出。

（2）张刚之前支取备用金的原始单据不能退回本人。

（3）收取备用金后开具的收款收据，记账联用于作为编制记账凭证的原始单据，收据联交给张刚。

（4）库存现金如果超额，需要把超额部分送存银行。

## 8.1.4 如何应对促销会现场收款业务

公司为了促进销售，经常会推出促销活动，例如送优惠券、满减、打折、赠送礼品等，这些不同的促销方式对出纳来说有不同的账务处理要求。

**【例 8-5】**

临近过年，吾颜服装公司下属门店开展了促销活动，活动方案是：顾客购买金额每超过 500.00 元，可以减 100.00 元，上不封顶；累计购物金额超过 5 000.00 元，再赠送 500.00 元的代金券，可于下次消费时使用。

（1）顾客杜知，购买了一件大衣，标价 1 199.00 元，根据促销活动，可以减免 200.00 元，杜知实际支付了现金 999.00 元。

①出纳的账务处理如下。

借：库存现金               999.00

  贷：主营业务收入           884.07

    应交税费——应交增值税（销项税额）    114.93

②出纳在开具发票时，应按要求在同一张发票的金额栏内分别注明折扣额200.00元、销售额999.00元，否则需要按照1 199.00元计算缴纳增值税。

（2）顾客刘雁，累计消费5 198.00元，根据促销活动，可以减免1 000.00元，并获得500.00元的代金券。因此刘雁只需要支付现金4 198.00元。

①出纳的账务处理如下。

借：库存现金               4 198.00

  贷：主营业务收入          3 272.57

    应交税费——应交增值税（销项税额）    425.43

    预收账款               500.00

②出纳在开具发票时，应按要求在同一张发票的金额栏内分别注明折扣额1 000.00元、销售额4198.00元，而500.00元代金券在使用时再开具发票，否则需要按照5 198.00元计算缴纳增值税。

这里补充说明一下，由于刘雁获得的代金券不属于偶然所得，所以不需要缴纳个人所得税。

# 8.2 银行收款的关注事项

通过银行账户进行收款结算，不但快捷便利，而且方便核对，不易出现差错。那么通过银行收款有哪些需要注意的事项呢？

## 8.2.1 收到员工赔偿，如何处理

在【例4-8】中，兴盛公司8万元现金被盗走，总经理于强承担主要管理责任，被处罚1万元。

员工在工作中出现差错给公司造成损失，公司为此对员工追究经济损失赔偿责任，收回该赔偿款主要有两种方式：员工缴纳现金和从员工工资中扣除。

于强选择了从工资中扣款的方式支付赔偿款。2022年1月20日发放工资时，出纳刘爽从其工资中扣除1万元款项后，支付剩余款项。刘爽给于强开具收款收据，其中收据联给于强，记账联（见图8-3）作为编制记账凭证的附件，会计分

录如下。

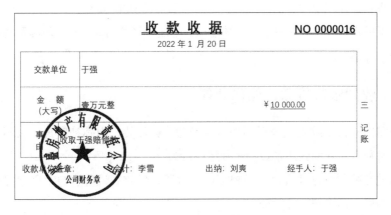

图 8-3　收款收据

借：应付职工薪酬——工资　　　　　　13 000.00

　　贷：银行存款　　　　　　　　　　　3 000.00

　　　　营业外收入　　　　　　　　　　10 000.00

在【例 4-8】中，兴盛公司 8 万元现金被盗走，财务经理李雪承担直接管理责任，被处罚 0.5 万元，其选择了现金支付赔偿款的方式。2022 年 1 月 8 日，刘爽收到了李雪支付的 0.5 万元，并给李雪开具收款收据，其中收据联给李雪，记账联（见图 8-4）作为编制记账凭证的附件，会计分录如下。

图 8-4　收款收据

借：库存现金　　　　　　　　　　　　5 000.00

　　贷：营业外收入　　　　　　　　　　5 000.00

当天刘爽把该笔钱存入银行存款账户，会计分录如下。

借：银行存款                                5 000.00

   贷：库存现金                               5 000.00

这里提示一下，公司收取员工赔偿款，不属于经营活动范畴，不涉及增值税，不用开具发票。

## 8.2.2 收到银行贷款，如何处理

公司向银行贷款是指公司因为日常经营业务需要，为弥补自身资金不足，向银行支付利息并到期归还本金的一种经济行为。

出纳在编制记账凭证时，应根据借款合同、借款凭证等资料，确定好银行贷款的种类后，再填制会计凭证。

【例 8-6】

吾颜服装公司计划更新生产线设备并向银行申请了贷款 2 000 000.00 元，期限为两年，于 2022 年 1 月 4 日收到该笔贷款。

收到款项后所做的会计分录如下，附件为银行借款凭证等资料。

借：银行存款                            2 000 000.00

   贷：长期借款                        2 000 000.00

【例 8-7】

宗诚恭制造公司需要流动资金周转，向银行申请了 1 000 000.00 元的短期贷款，贷款期限为一年，于 2022 年 1 月 19 日收到该笔贷款。

收到款项后所做的会计分录如下，附件为银行借款凭证等资料。

借：银行存款                            1 000 000.00

   贷：短期借款                        1 000 000.00

## 8.2.3 收到实收资本，如何处理

出资人出资的方式有多种，如以货币出资、实物出资、房产出资、土地使用权出资、专利权出资等。在众多出资方式中，需要出纳完成工作事项的主要为货币出资。其他出资方式需要公司开具收款收据的，一般由会计完成开具收据的工作，如果确需出纳开具收据，出纳应在收据中特别注明收到的资金为何种出资。

货币出资中的货币并非广义的货币，仅指银行存款。如果出资人拟以现金方式出资，出纳不得收取现金，而应要求出资人直接将出资款存入公司开设的银行账户中。

实务工作中，很多出资人没有办理出资手续的经验，支付出资款时，存在操作不规范的情况。这不仅容易导致其出资行为不合法，出资人还可能因此被取消出资人资格。这里总结了一些出资时常见的不规范操作。

（1）出资人委托他人通过网银汇款，由于汇款的账号不是出资人本人的，导致该笔出资款不被认可。

（2）出资人通过网上银行汇款，汇款时没有备注"出资款"，被银行默认该交易事项为货款、往来款等，直接导致出资人的该笔款项不被认可为出资款。

（3）出纳开具给出资人的收款收据，出资款列为往来款等其他非投资事项。收款收据的收据联未交给出资人保存，未以此作为出资到位的证据之一。

出资业务应尽量委托中介机构出具验资报告，原因如下。

（1）出资业务并非常见业务，出资业务的证据复杂，大多数会计人员没有应对经验，很容易漏缺资料，而引发后续纠纷。

（2）出资涉及公司权力的归属，且对公司的影响长远。出资是对公司影响较大的业务，因此应确保出资业务的准确性和证据的完整性。

（3）出资涉及多项法律规定，要求参与其中的会计人员具备一定的法律知识。

【特殊情况】

出资人向民间非营利组织支付投资款，民间非营利组织在给出资人开具收据时，由于其不是营利性企业，也不存在分红的行为，所以收款事由不能写"投资款""出资款"等，而应该写"开办资金"。

我国法律规定，有限责任公司成立后，投资人每次出资时，公司都应当向其出具出资证明书，以证明投资人已经依法履行出资义务。

【例 8-8】

宋冰是北京宗诚恭制造有限公司的股东，2022 年 1 月 4 日通过银行转账方式支付出资款 500 万元。出纳刘泉该如何处理这笔款项呢？

第一步，刘泉应确定出资款已汇入银行账户，同时确认银行回单或银行对账单等原始单据上是否写明是出资款，出资人是否为宋冰。如果不符合条件，应把该款项退给宋冰，让其重新汇款，重新汇款时的款项用途需写明是出资款。

第二步，刘泉确定银行回单等单据无误后，应给宋冰开具收取出资款的收据（见图 8-5）并编制股东出资证明书（见图 8-6），收款事由应写明是投资款、出资款等，收据联给宋冰，记账联留存作为记账附件。

图 8-5　收款收据

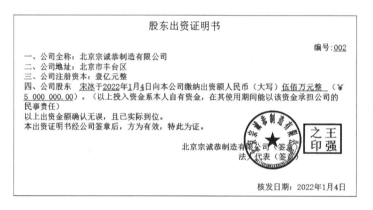

图 8-6　股东出资证明书

刘泉应做的会计分录如下。

借：银行存款　　　　　　　　　　　　5 000 000.00

　　贷：实收资本——宋冰　　　　　　　　　　5 000 000.00

凭证后附收据的记账联和银行回单。

公司经过一段时间的发展后，产生盈利，积累了资本。新加入的投资者会在加入后自动享有公司这部分未分配的利润，因此新加入的投资者往往被要求付出更多成本，即相较于原来的投资者支付更多出资额，才能获得与原来的投资者相同的出资比例，而这部分多支付的出资额，就构成了公司的资本溢价。

## 【例 8-9】

吾颜服装公司的股东为卢芳和丁超，2020 年 12 月 22 日卢芳和丁超各自以人民币 500 万元出资。2022 年 3 月 10 日公司为了缓解资金压力，引入一名新的股东宋建国，经协商，公司注册资本增加到 1 500 万元。按照投资协议，宋建国需要以人民币 550 万元出资，同时持有公司 1/3 的股份。2022 年 3 月 15 日，公司收到该笔出资款 550 万元，出纳应该做的会计分录如下。

借：银行存款　　　　　　　　　　　　5 500 000.00

　贷：实收资本——宋建国　　　　　　　5 000 000.00

　　　资本公积——资本溢价　　　　　　 500 000.00

## 8.2.4　收到投资款，如何处理

收到来自境外投资者的投资款，与收到境内投资者的投资款，处理方式基本一致，均需要给投资者开具收款收据，也需要投资者直接将款项汇入单位的银行账户。但不同的是，境外投资者的投资需要经过相关政府部门的审批和登记，具体流程需要参看当地要求。另外，境外投资者的投资款大多不是人民币，所以出纳需要了解外汇折算的相关知识。

【例 8-10 】

豪久莱商场的注册资本为数字 1 亿元。2022 年 1 月 19 日，该商场的银行账户收到 W 公司 1 000 000.00 美元的投资款。出纳该如何处理这笔款项呢？

第一步，确认投资款已全额到账。

第二步，在中国银行官方网站"外汇牌价"处或其他网站查询款项到达当日，即 2022 年 1 月 19 日，人民币兑换美元的汇率为 1∶6.362 4（汇率如图 8-7 所示）。

因此 1 000 000.00 美元兑换成人民币为 6.362 4×1 000 000= 6 362 400.00 （元）。

| 起始时间： | 2022-01-19 | 结束时间： | 2022-01-19 | 牌价选择： | 美元 | Q |
| --- | --- | --- | --- | --- | --- | --- |

| 货币名称 | 现汇买入价 | 现钞买入价 | 现汇卖出价 | 现钞卖出价 | 中行折算价 |
| --- | --- | --- | --- | --- | --- |
| 美元 | 633.86 | 628.7 | 636.54 | 636.54 | 636.24 |
| 美元 | 633.86 | 628.7 | 636.54 | 636.54 | 636.24 |
| 美元 | 633.91 | 628.75 | 636.59 | 636.59 | 636.24 |

**图 8-7　汇率**

第三步，开具投资款的收款收据，如图 8-8 所示。

## 收 款 收 据

NO 0000004

2022年1月19日

| 交款单位 | W公司 | |
|---|---|---|
| 金　额<br>（大写） | 陆佰叁拾陆万贰仟肆佰元整 | ￥6 362 400.00 |
| 事由 | 投资款 | |

收款单位盖章　　　会计：周艳　　　出纳：叶娜　　　经手人：叶娜

三记账

**图 8-8　收款收据**

第四步，编制会计分录如下。

借：银行存款　　　　　　　　　　　　　　6 362 400.00

　　贷：实收资本——W 公司　　　　　　　　　 6 362 400.00

### 8.2.5　收到银行利息，如何处理

根据单位与银行签订的协议，单位的资金存入银行时，银行会定期结算利息并自动支付到单位的银行账户，比较常见的结算周期是按季度结算。

【例 8-11】

豪久莱商场在 2022 年 3 月 20 日收到银行存款利息 6 789.65 元，出纳叶娜该如何处理呢？

出纳叶娜应根据取回的银行存款利息回单编制记账凭证。

手工账的会计分录做法如下。

借：银行存款　　　　　　　　　　　　6 789.65

　　贷：财务费用——利息收入　　　　　 6 789.65

目前部分财务软件对记在贷方的财务费用不能准确汇总计算，这导致如果"财务费用"科目记在贷方，财务软件自动生成的科目余额表、总账、明细账、财务报表等数据就会不准确。因此出纳使用财务软件时，可以借记"财务费用"科目，则上述业务使用财务软件所做的会计分录如下。

借：银行存款　　　　　　　　　　　　6 789.65

　　财务费用——利息收入　　　　　　－6 789.65

## 8.3　银行票据的关注事项

企业在日常收款结算中，除了现金以及银行存款两种结算方式以外，还会收到各种票据，常见的票据种类如图 8-9 所示。本节主要介绍各种票据的收款操作。

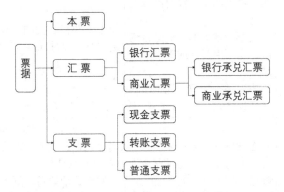

**图 8-9　常见的票据种类**

### 8.3.1　收到转账支票，如何处理

一般来说，企业收到客户提供的支票以转账支票居多，本小节以转账支票为例，说明收到转账支票的基本处理流程（见图 8-10）。

**图 8-10　收到转账支票的基本处理流程**

（1）出纳在收到转账支票后，应对转账支票进行审核，以避免收到假支票或填写不规范的支票。审核转账支票的总原则是：从整体到局部，从上到下，从左到右，从正面到背面。表 8-2 为审核转账支票的要点。

表 8-2　审核转账支票的要点

| 步骤 | 查看内容 | 审核技巧 | 处理方式 |
|---|---|---|---|
| 1 | 票面 | 1. 从整体看，票面是否平整，书写内容及所盖的印章是否清晰明了、没有涂改的痕迹<br>2. 支票上填写的字迹是否清晰，是否用墨汁或碳素墨水填写<br>3. 支票是否为统一规定印制的凭证格式 | 如果支票存在问题，应立刻把支票退还给对方，让对方重新开具支票 |
| 2 | 出票日期 | 1. 查看日期的大写数字是否符合书写标准，是否有涂改痕迹<br>2. 支票日期是否在有效期内（支票有效期是指收到支票后，从支票的出票日期当天起10日内，如果最后一天是法定节假日，可以顺延）<br>3. 支票是否为远期支票 | 1. 如果未填写出票日期，需对方把日期填写完整，或者经对方授权，由支票收取方填上日期<br>2. 如果日期填写不规范，则需退还给对方，让其重新开具支票<br>3. 如果存在涂改的情况，应立即退还给对方，让其重新开具支票<br>4. 如果支票超出有效期，或者支票虽然在有效期内，但剩下的时间不足以去银行办理支票兑换业务，则应该退还给对方，让其重新开具支票 |
| 3 | 收款人信息 | 收款人名称是否填写正确 | 1. 如未填写收款人名称，需对方补填，也可经对方授权，自行补充完整<br>2. 若填写有误，需把支票退还给对方，让其重新开具支票 |
| 4 | 付款人信息 | 付款行名称及出票人账号是否填写正确 | 1. 未填写的，需对方补填，也可经对方授权后自行补充完整<br>2. 填写有误的，该支票无效，需要把支票退还给对方，让其重新开具支票 |
| 5 | 金额 | 支票的大小写金额是否一致、清晰明了，且没有任何涂改 | 如金额大小写不一致，或者数字存在涂改的痕迹，应退还给对方，让其重新开具支票 |
| 6 | 用途 | 查看支票用途是否与实际情况一致 | 1. 如果未填写支票用途，由对方填写，或经对方授权，自行补充<br>2. 如填写内容与实际情况不一致，应退还给对方，让其重新开具支票 |
| 7 | 密码 | 查看密码是否已填写 | 1. 未填写密码，应退还给对方补填<br>2. 密码填写有误，应退还给对方重新开具支票 |

续表

| 步骤 | 查看内容 | 审核技巧 | 处理方式 |
|---|---|---|---|
| 8 | 出票人签章 | 查看印章是否加盖清楚，印章上企业的名称是否正确 | 若印章未加盖清楚，或印章上企业的名称不正确，应退还给对方，重新开具支票 |
| 9 | 交换区域 | 是否为同一票据交换区域，即是否为同城 | 如不适用，应退还给对方，重新开具支票 |
| 10 | 背书 | 1.背书转让的支票，需要查看支票背面背书是否连续<br>2.背书使用的粘单，是否按规定加盖骑缝章 | 1.需要查看其背书是否连续，如不连续，需退还给对方<br>2.粘单如未加盖骑缝章，需退还给对方 |

（2）出纳在审核支票无误后，应开具收据给对方。

（3）出纳在审核无误的支票背面加盖本企业在开户银行预留的银行印鉴，至少包括财务专用章和法定代表人章。

（4）出纳去银行办理支票交存业务。在办理前，需要填写银行进账单，银行进账单是银行提供的，出纳在银行填写即可。为了工作方便，出纳也可以拿一些空白进账单回企业填写好，然后再去银行办理支票交存业务。不同银行的进账单的样式有所区别，交通银行的进账单样式见图8-11。

**图8-11 交通银行的进账单样式**

出纳去银行交存支票后，如果支票通过审核，一般两个工作日内，款项会汇到企业的银行账户；如果支票未通过审核，银行会当场告诉出纳，或者电话联系。出纳应把审核未通过的支票取回，并与银行确认未通过审核的原因，接下来出纳再根据具体原因，本人或者联系相关人员与支票开票方沟通，退回旧支票，换取新支票。

（5）出纳确认已收到款项，则编制银行存款收款凭证，并登记银行存款日记账。

## 8.3.2　收到银行汇票，如何处理

出纳收到银行汇票和收到支票的处理方式有很多相同的地方，都需要对票据进行审核，再给对方开具收据，然后去银行办理交存业务，最后编制收款凭证及登记银行存款日记账。

出纳首先需要了解支票与银行汇票有何不同，详见表8-3，这样更有利于进行银行汇票的处理。

表8-3　支票与银行汇票的主要区别

| 序号 | 项目 | 支票 | 银行汇票 |
|---|---|---|---|
| 1 | 填制方式 | 人工手填 | 银行打印居多 |
| 2 | 提示付款期 | 10天（遇法定节假日可顺延） | 1个月（遇法定节假日可顺延） |
| 3 | 提示付款资料 | 支票 | 银行汇票、解讫通知 |
| 4 | 结算金额 | 等于票面金额 | 可小于票面金额 |

（1）出纳在收到银行汇票后，应该对银行汇票进行审核，以避免收到假的银行汇票或填写不规范的银行汇票。审核银行汇票的总原则是：从整体到局部，从上到下，从左到右，从正面到背面。表8-4所示为审核银行汇票的要点。

表8-4　审核银行汇票的要点

| 步骤 | 查看内容 | 审核技巧 | 处理方式 |
|---|---|---|---|
| 1 | 票面 | 从整体看，票面是否平整，所盖的印章是否清晰明了，是否存在挖、刮、涂、改的痕迹 | 如果银行汇票存在涂改的痕迹或者没有出票人的签章，应立刻把银行汇票退还给对方，让对方重新提供 |
| 2 | 出票日期 | 银行汇票日期是否填写，是否在提示付款期内 | 1.如果未填写银行汇票日期或存在涂改，该银行汇票无效，应立即退还给对方<br>2.如果银行汇票超出提示付款期，或者银行汇票虽然在提示付款期内，但剩下的时间不足以去银行办理银行汇票转账业务，则应该退还给对方，让对方重新提供 |

续表

| 步骤 | 查看内容 | 审核技巧 | 处理方式 |
|---|---|---|---|
| 3 | 收款人信息 | 收款人或者被背书人是否为本企业名称，内容是否正确 | 1.如未填写收款人名称，该银行汇票无效，应立即退还给对方<br>2.若本企业名称填写有误或者背书不连续，需把银行汇票退还给对方 |
| 4 | 付款人信息 | 汇款人、签发行是否填写正确 | 填写有误的，需要把银行汇票退还给对方 |
| 5 | 出票金额 | 大小写金额是否一致，是否存在涂改；小写金额是否为压数机压印的 | 如大小写金额不一致，或者数字存在涂改的痕迹，或者小写金额非压数机压印的，应退还给对方 |
| 6 | 实际结算金额 | 是否存在更改，更改的金额是否超过票面金额 | 如存在更改，应退还给对方 |
| 7 | 用途 | 查看银行汇票用途是否与实际情况一致 | 如用途与实际情况不一致，应退还给对方 |
| 8 | 解讫通知 | 银行汇票与解讫通知是否齐全，汇票号码和记载的内容是否一致 | 如不齐全或不一致，需退还给对方 |

（2）出纳在审核银行汇票无误后，将实际结算金额和多余金额填在银行汇票和解讫通知的有关栏内，填写时大小写金额应保持一致，同时应开具收据给对方。

（3）出纳按照企业用印申请流程，在银行汇票背面"持票人向银行提示付款签章"处加盖在开户银行预留的银行印鉴，包括财务专用章和法定代表人章。

（4）出纳带着银行汇票和解讫通知去银行办理转账业务。在办理转账业务前，出纳需要填写银行进账单。

（5）出纳确认已收到款项，则编制银行存款收款凭证，并登记银行存款日记账。

### 8.3.3 收到银行本票，如何处理

出纳收到银行本票进行业务处理时的操作步骤可参考收到支票的处理流程，即：审核票据、开具收据给对方、去银行办理交存业务、编制收款凭证及登记银行存款日记账。

（1）出纳在收到银行本票后，应对银行本票进行审核，以避免收到假票或填写不规范的票据。在审核银行本票时，为了避免出现遗漏，建议采取的审核顺序

是：从整体到局部，从上到下，从左到右，从正面到背面。表 8-5 所示为常用的审核银行本票的要点。

表 8-5　审核银行本票的要点

| 步骤 | 查看内容 | 审核技巧 | 处理方式 |
| --- | --- | --- | --- |
| 1 | 票面 | 从整体看，票面是否不平整、书写内容及所盖的印章是否模糊不清，是否存在剪接、挖补、覆盖、涂改的痕迹 | 如果存在这些情况，应把银行本票退还给对方，让对方重新提供 |
| 2 | 出票日期 | 查看日期的大写数字是否书写标准，出票日期是否在提示付款期内（提示付款期，是指自出票日起，最长不超过 2 个月） | 1.如日期填写不规范，需退还给对方 2.如日期不在提示付款期内，或者虽然在提示付款期内，但剩下的时间不足以去银行办理提示付款业务，则应该退还给对方，让对方重新提供 |
| 3 | 收款人信息 | 收款人名称是否漏填或者填写有误 | 若填写有误，需把银行本票归还给对方，让对方重新提供 |
| 4 | 交换区域 | 是否为同一票据交换区域，即是否为同城 | 如果不是同一票据交换区域，应把票据退还给对方，让对方重新提供 |
| 5 | 付款人信息 | 付款行名称及出票人账号是否填写正确 | 未填写或填写有误的，应把银行本票退还给对方，让对方重新提供 |
| 6 | 金额 | 银行本票的大小写金额是否一致、清晰明了、没有任何涂改 | 如金额大小写不一致，或者数字存在涂改的痕迹，应退还给对方，让对方重新提供 |
| 7 | 用途 | 查看银行本票用途是否与实际情况一致 | 如填写内容与实际情况不一致，应退还给对方，让对方重新提供 |
| 8 | 出票人签章 | 查看印章是否加盖清楚，印章上企业的名称是否正确 | 若印章未加盖清楚，或印章上企业的名称不正确，应退还给对方重新提供 |
| 9 | 背书 | 背书转让的银行本票，需要查看背书是否连续；使用粘单进行背书的，是否按规定签章 | 1.背书如不连续，需退还给对方 2.使用粘单进行背书未按规定签章，应退还给对方，让对方重新提供 |

（2）出纳在审核银行本票无误后，应开具收据给对方。

（3）出纳按照企业用印申请流程，在银行本票背面"持票人向银行提示付款签章"处加盖在开户银行预留的银行印鉴，包括财务专用章和法定代表人章。

（4）出纳携带银行本票去开户银行办理提示付款业务。在办理过程中，出纳应将填好的银行进账单和银行本票一并递交给开户银行，经银行审查无误后，方可办理转账。

（5）出纳根据拿到的银行回单，确认已收到款项，编制银行存款收款凭证，并登记银行存款日记账。

## 8.3.4　收到银行承兑汇票，如何处理

银行承兑汇票兑换方便、信用度高，使用范围较为广泛。银行承兑汇票分为纸质银行承兑汇票与电子银行承兑汇票两种，本小节以收到纸质银行承兑汇票为例，说明出纳收到该种票据后的具体操作流程。

（1）出纳在收到银行承兑汇票后，应对票据进行审核，以避免收到假票或填写不规范的票据。在审核时，为了避免出现遗漏，建议采取的审核顺序是：从整体到局部，从上到下，从左到右，从正面到背面。表 8-6 为常用的审核纸质银行承兑汇票的要点。

### 表 8-6　审核纸质银行承兑汇票的要点

| 步骤 | 查看内容 | 审核技巧 | 处理方式 |
|---|---|---|---|
| 1 | 票面 | 查看票面是否平整，是否有涂改的痕迹 | 如出现不平整，或者有涂改的痕迹，需要退还给对方 |
| 2 | 出票日期 | 1. 查看日期填写是否规范<br>2. 是否超出提示付款期 | 1. 如填写不规范，需退回<br>2. 超出提示付款期，需要询问清楚不办理委托收款的原因，以确定是否接收该汇票 |
| 3 | 金额 | 大小写金额是否一致 | 大小写金额不一致，需退回 |
| 4 | 签章 | 查看银行承兑汇票正面的签章是否齐全，是否加盖了出票人的财务专用章、法定代表人章，以及出票银行的银行汇票专用章和银行工作人员名章 | 如不齐全，退还给对方 |
| 5 | 背书 | 1. 查看背书是否连续，骑缝章是否与后手背书人一致<br>2. 查看被背书人是否填写后手背书人的全称，是否字迹清楚、没有连笔情况 | 1. 如背书不连续，需退还给对方，如印章不清晰，应联系后手背书人出具情况说明<br>2. 如存在未填写全称，或者字迹不清楚的情况，需要该手背书人提供证明 |

（2）出纳开收据给对方，收据上要写明银行承兑汇票号码、收款事由等。

（3）出纳把银行承兑汇票的票号、出票日期、到期日、票面金额、出票人信息、付款日期、提供汇票的客户等信息，登记在票据备查簿上。

（4）出纳复印一份银行承兑汇票，将该复印件和所开的收据记账联一起传递给会计人员，作为记账凭证的附件，会计分录如下。

借：应收票据

　　贷：应收账款

## 8.3.5　银行承兑汇票到期，如何处理

纸质银行承兑汇票与电子银行承兑汇票的差异主要体现在载体的不同上，因此到期后提示付款的方式也不同。

### 1.纸质银行承兑汇票的承兑流程

纸质银行承兑汇票的承兑流程如表 8-7 所示。

表 8-7　纸质银行承兑汇票的承兑流程

| 步骤 | 操作内容 | 备注 |
|---|---|---|
| 1 | 检查最后一个背书人签章上面的被背书人框内是否已填写本企业的名称，如未填写，应补充完整 | 由于票据填写内容容错率低，如果在实际操作时把握不大，可以到银行后，在银行工作人员的指导下填写相关内容，也可参照图 8-12 填写 |
| 2 | 在其相邻的空白背书框里，加盖本企业的财务专用章及法定代表人章 | |
| 3 | 同时在框内写上"委托收款"字样及日期 | |
| 4 | 在上面的被背书人框里填写企业开户银行的名称 | |
| 5 | 带着银行承兑汇票原件及银行预留印鉴去开户银行办理委托收款手续或者直接向付款人提示付款，填写好托收凭证，连同银行承兑汇票一起给银行工作人员 | 银行承兑汇票的提示付款期为10 天，在实际操作中，可以在汇票到期日或到期日前几天去开户银行办理委托收款手续；如果超出提示付款期，则需要提供逾期证明 |
| 6 | 开户银行把银行承兑汇票、委托收款凭证等资料邮寄给出票银行 | |
| 7 | 出票银行收到资料经审核无误后，在汇票到期日或者到期日后的进票当日支付款项 | |
| 8 | 出纳确认收到款项后，取回银行回单，制作收款凭证、登记银行存款日记账 | 会计分录如下。借：银行存款　　贷：应收票据凭证后附银行回单 |

纸质承兑汇票的背书方式如图 8-12 所示。

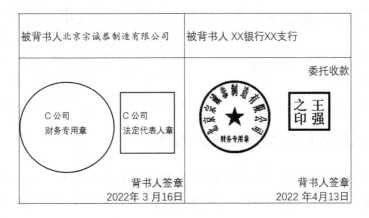

**图 8-12　银行承兑汇票背书方式**

### 2. 电子银行承兑汇票的承兑流程

电子银行承兑汇票到期后，应登录企业网银，找到该电子银行承兑汇票后，进行提示付款，表 8-8 列出了电子银行承兑汇票提示付款时会涉及的主要流程。

**表 8-8　电子银行承兑汇票提示付款的主要流程**

| 步骤 | 操作内容 | | 备注 |
|---|---|---|---|
| 1 | 提示付款时间 | 票据到期日或票据到期日起 10 天内 | 1.如果最后一日遇法定节假日、大额支付系统非营业日、电子商业汇票系统非营业日，则顺延<br>2.如果提前提示付款，付款方拒绝付款，持票人将无法办理转让背书、质押、贴现、转贴现和再贴现等票据业务；当然，持票人可以在到期日或提示付款期再次申请付款 |
| | | 每日 8:00—20:00 | 电子商业汇票系统的运行时间是每日 8:00—20:00，其余时间通过网银提交的业务，系统不进行处理 |
| 2 | 登录网银，找到电子银行汇票 | | 为了避免出现错误，选好票据后，应确认票据的到期日 |
| 3 | 选择"提示付款" | | |
| 4 | 选择提示付款类型 | 非逾期提示付款 | 如果提示付款时没有逾期，则选择该选项 |
| | | 逾期提示付款 | 如果提示付款时逾期了，选择该选项后，还需要写明逾期原因 |
| 5 | 选择资金清算方式 | 线上清算 | 选择该方式，付款人签收同意后，资金实时到账 |

续表

| 步骤 | 操作内容 | | 备注 |
|---|---|---|---|
| 6 | 选择资金清算方式 | 线下清算 | 每家银行对适用该选项的业务有明确的规定，在实际操作时，根据银行提示选择即可；选择该清算方式后，资金到账时间以持票人、付款人、承兑人的操作为准 |

### 8.3.6 银行承兑汇票过期，如何处理

出纳在日常工作中，可能会遇到银行承兑汇票过期的情况。如果发现银行承兑汇票过期，出纳应立即写好情况说明，盖好公章，然后携带银行承兑汇票、情况说明及银行预留印鉴等资料去开户银行办理承兑手续。

【例 8-12】

2022 年 3 月 31 日，出纳小刘在月末清点银行承兑汇票时，发现有一张汇票过了提示付款期，小刘该如何处理呢？

第一步，小刘应向会计主管汇报这一情况。

第二步，小刘应写出银行承兑汇票过期的情况说明，并按照企业流程进行印章使用申请，如图 8-13 所示。

---

**情况说明**

××银行支行：

我单位收到银行承兑汇票一张，其具体要素如下。

票号：××××××

出票日期：××××年××月××日

出票金额：￥××

出票人全称：×××

出票人账号：×××

收款人全称：×××

收款人账号：×××

收款人开户银行：××××

汇票到期日：××××年××月××日

由于我单位工作人员疏忽，未及时发现该张银行承兑汇票已到期，因此未能及时向贵行提示付款，特此说明。

由此带来的经济纠纷和法律责任由我单位承担，请予以解付。

谢谢！

（此处加盖企业的财务专用章、法定代表人章）

××企业（公章）<br>××××年××月××日

---

图 8-13 银行承兑汇票过期情况说明

　　第三步，小刘携带银行承兑汇票原件、情况说明、银行预留印鉴等资料去银行办理承兑手续。

　　第四步，银行审核银行承兑汇票无误后，即进入承兑环节。企业收到该款项后，出纳应编制记账凭证，并登记银行存款日记账，会计分录如下。

借：银行存款

　　贷：应收票据

# 第 9 章

# 如何管理原始凭证

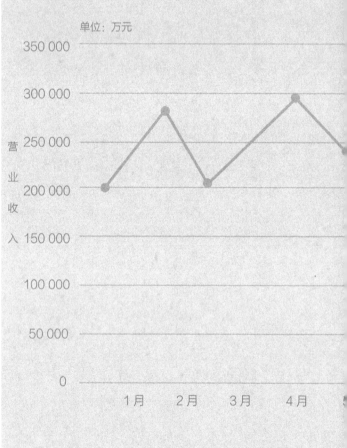

单位：万元

7月　　　8月　　　9月　　　10月　　11月　　12月

间

原始凭证记载了经济业务发生的过程和具体的内容，是会计记账的依据。因此，出纳应理解原始凭证所代表的业务行为，并根据有效的原始凭证付款。本章将重点介绍原始凭证的取得、开具、辨别，以及无法获得合法原始凭证时该如何处理等内容。

# 9.1　原始凭证的取得和整理

原始凭证，又称单据、证明凭证，是指在经济业务发生时，由业务经办人员直接取得或填制的，用以表明某项经济业务已经发生、执行或完成，明确双方经济责任的一种凭证，例如发票、借款单、领料单等。表 9-1 列举了一些常见原始凭证相关内容。

表 9-1　常见原始凭证相关内容

| 序号 | 原始凭证的分类 | 发生的经济业务 | 原始凭证名称 |
|---|---|---|---|
| 1 | 自制原始凭证 | 款项和有价证券的收付 | 收据、支款单、支票存根等 |
| 2 | | 财物的收发、增减和使用 | 入库单、出库单等 |
| 3 | | 债权债务的发生和结算 | 收据等 |
| 4 | | 资本、基金的增减 | 收据、协议等 |
| 5 | | 收入、支出、费用、成本的计算 | 成本计算单、费用结算单、报销单、工资单、费用分割单等 |
| 6 | | 财务成果的计算和处理 | 税款计算单等 |
| 7 | 外来原始凭证 | 款项和有价证券的收付 | 进账单、电汇单、票据、发票等 |
| 8 | | 财物的收发、增减和使用 | 签收单、结账单、发票等 |
| 9 | | 债权债务的发生和结算 | 对账函、发票、协议等 |
| 10 | | 资本、基金的增减 | 收据、协议、基金票据等 |
| 11 | | 收入、支出、费用、成本的计算 | 发票、收据、捐赠票据、行政事业性收费收据、税票、原始凭证分割单等 |

## 9.1.1　如何辨别原始凭证合法性

原始凭证种类非常多，取得的途径有内部和外部之分，凭证的形式也多种多样，有发票、收据，还有单位自制单据等，但是无论什么样的单据，都应该具备图 9-1 所示的基本要素。

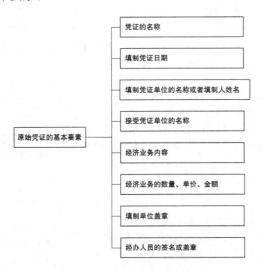

原始凭证的基本要素 ── 凭证的名称 / 填制凭证日期 / 填制凭证单位的名称或者填制人姓名 / 接受凭证单位的名称 / 经济业务内容 / 经济业务的数量、单价、金额 / 填制单位盖章 / 经办人员的签名或盖章

**图 9-1 原始凭证的基本要素**

原始凭证的审核要点，主要在于真实性、合法性、关联性，具体执行时，可参考表 9-2 所示的内容。

**表 9-2 原始凭证的审核要点**

| 序号 | 审核内容 | 审核事项 | 处理方法 |
|---|---|---|---|
| 1 | 审核票面 | ①是否存在涂改、挖补的痕迹<br>②是否将小数改成大数<br>③是否存在多联带复写功能的单据，单据背面应有而没有复写的痕迹 | 应退回单据，让单据提供者重新提供 |
| 2 | 审核开具单据的单位名称等信息 | ①与本单位是否存在经济业务关系<br>②所开具的经济业务内容是否与实际情况相符<br>③经济业务内容是否与单据开具单位的经营范围相符 | 如存在不相符的情况，需要与单据提供者落实原因 |
| 3 | 审核单据抬头 | ①是否所填内容为本单位全称，是否存在简称或者错别字<br>②是否应填而未填统一社会信用代码 | 如为机打票据，存在漏填、错填，应退回单据，让单据提供者重新提供 |
| 4 | 审核单据编号 | ①电子发票号码，是否重复<br>②发票号码是否连续，是否拿别人发票报销 | 如存在问题，让单据提供者重新提供单据 |

续表

| 序号 | 审核内容 | 审核事项 | 处理方法 |
|------|----------|----------|----------|
| 5 | 审核单据开具时间 | ①是否同一经济业务、同一金额，是否存在重复报销<br>②单据间是否存在时间、内容无关的情况，例如出差车票与住宿费发票的开具时间、地点不相符 | 如存在情况①②，需让单据提供者说明理由，若理由不充分，应退回让其重新提供 |
| 6 | 审核数字 | ①大小写金额是否一致<br>②大写金额是否顶格写<br>③小写金额前面是否有货币符号<br>④所有项目合计是否等于总的合计数<br>⑤数量乘以单价是否等于总金额<br>⑥单价是否与以往相差很大 | 如存在情况①至⑤，则需让单据提供者重新提供单据；如存在情况⑥，需让单据提供者说明理由，若理由充分，应退回让其重新提供，若理由不充分，需对业务的真实性进行排查 |
| 7 | 审核单据的备注 | ①是否按税法规定进行备注<br>②是否存在不能报销的字样，例如"违章付款，不得报销"等 | 如存在情况①，则退回单据，让单据提供者重新提供；如存在情况②，则退回，不予报销 |
| 8 | 审核单据上的印章 | ①票据的监制章应符合票据性质，如发票是否有税务部门的监制章<br>②票据的印章应符合票据性质，如发票是否应盖而未盖发票专用章或财务专用章等<br>③是否有经手人签章 | 如存在情况①、②，则退回票据，让单据提供者重新提供单据；如存在情况③，需补足签章 |
| 9 | 审核附件 | ①购买实物资产：是否有采购明细、入库单、采购合同、使用者的领用单等<br>②大额业务招待费：是否有消费清单<br>③租金：是否有房屋租赁合同<br>④会议费：是否有会议通知、合同、会议结算清单、支出凭证等资料<br>⑤运费：是否有运输明细，运输明细中所填起运地和运达地是否与实际一致，运输的价格是否波动很大<br>⑥月结的快递费：是否有与快递公司或者物流公司签署的合同，快递费发票后面是否附运单明细，是否注明发件时间、发件地址、收件地址等 | 如缺少附件，需要补充附件以证明业务的真实性 |
| 10 | 审核单据的报销手续 | 是否存在相关审批人签字不全的情况 | 如存在签字不全，让单据提供者补齐 |

### 9.1.2 自制原始凭证的填写程序

自制原始凭证，是由本单位经办业务的部门和人员，在执行或完成经济业务时填制的凭证。其通常用于制作成本、费用、损失和其他支出核算的会计原始凭证，例如工资单、收料单、领料单、入库单、出库单等。

（1）工资单。工资单一般由单位的人事部门编制，没有人事部门的单位也会由出纳或者其他会计编制。工资单如图 9-2 所示。

**工资单**

| 年　月工资 | | 基本工资 | 在职天数 | 应发工资 | | | 应扣工资 | | | | 实发金额 | 签名 |
|---|---|---|---|---|---|---|---|---|---|---|---|---|
| 工号 | 姓名 | | | 工资 | 奖金 | 补贴 | 天数 | 金额 | 社保 | 其他 | | |
| | | | | | | | | | | | | |

**图 9-2　工资单**

（2）收料单。收料单由仓管员开具。单位将购买的产品或材料入库时，仓管员开具收料单，以证明产品或材料已经验收入库。收料单如图 9-3 所示。

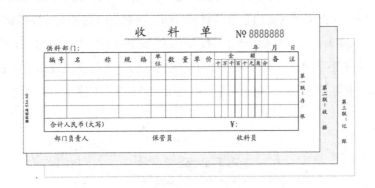

**图 9-3　收料单**

因收料单是自制凭证，所以不同单位的收料单的形式也有所不同，但通常需要注意以下几点：一是填写收料单上的日期时，按实际收货的日期填写；二是供料部门、材料的名称、规格、数量、金额等应填写清楚；三是必须由相关参与人员签字。

收料单一般一式多联，一联由验收人员留存，一联由仓管员登记明细账，一联连同发票交给财务人员办理结算业务。

（3）领料单。领料单根据单位管理制度的规定由相应人员填制。车间生产缺少材料时，需要填写领料单去材料库领取材料。领料单如图9-4所示。

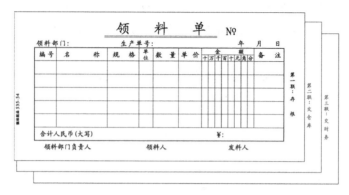

图9-4　领料单

领料单一般"一料一单"，填写时应当注明时间和领取材料的名称、规格、数量、单价等，车间负责人、领料人、仓管员和发料人均需要在领料单上签字盖章，无签章或签章不全的领料单不能作为领取材料的记账证据。

实际工作中，不同单位领料单的联数也不相同，一般情况下，应当至少三联，一联由领料人保管，一联交由仓管员登记明细，一联交由财务人员核算成本。

（4）入库单。入库单根据单位管理制度的规定由相应人员填制，一般最后都需要车间主任签字确认。当车间把材料制成成品后，就需要把成品送入成品仓库中，入库时就需要附上入库单。入库单就是证明产品入库的凭证。入库单如图9-5所示。

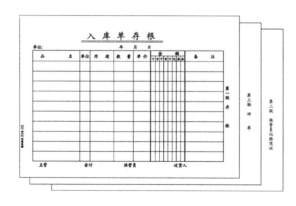

图9-5　入库单

填写入库单时，应当填写入库的时间、产品的名称、数量、金额等，并由相关人员签字。入库单一般是一式三联，一联是存根联，留存备查；一联交给仓管员登记明细账；一联交给会计人员进行入库产品的核算登记。

（5）出库单。出库单由销售人员开具，也可以由仓管员开具。单位在销售产品的过程中，需要到成品仓库提货，此时就需要填写出库单。出库单是证明成品出库的凭证。出库单如图 9-6 所示。

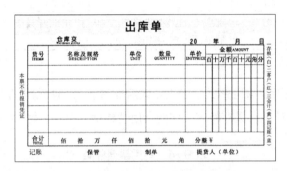

图 9-6　出库单

出库单的填写内容包括时间、出库产品的名称、规格、数量和金额等，并由相关人员签字。一般情况下出库单一式四联，一联由销售人员保管，一联交给客户，一联交由仓管员登记明细账，一联交由会计人员用于记账。

### 9.1.3　外来原始凭证只有发票吗

外来原始凭证是指单位发生经营活动和其他事项时，从其他单位、个人取得的用于证明其支出发生的凭证。外来原始凭证不仅仅是发票（包括纸质发票和电子发票）。这里主要介绍原始凭证分割单（见图 9-7）、专用票据（见图 9-8、图 9-9）。

#### 1.原始凭证分割单

图 9-7　原始凭证分割单

企业与其他企业（包括关联企业）、个人在境内共同接受以下劳务，采取分摊方式时，分割单的使用方法如表9-3所示。

表9-3　分割单使用方法

| 序号 | 劳务类型 | 企业 | 共同接受应税劳务的其他企业 |
|---|---|---|---|
| 1 | 接受应纳增值税劳务发生的支出 | 以发票和分割单作为税前扣除凭证 | 以企业开具的分割单作为税前扣除凭证 |
| 2 | 接受非应税劳务发生的支出 | 以发票外的其他外部凭证和分割单作为税前扣除凭证 | 以企业开具的分割单作为税前扣除凭证 |

**2.专用票据**

专用票据是指因通用票据不能满足政府非税收入征收和管理的需要，根据非税收入特点而设计的，具有特定式样的专用性票据。专用票据种类详见表9-4。

表9-4　专用票据种类

| 序号 | 专用票据种类 |
|---|---|
| 1 | 财政票据 |
| 2 | 行政事业性收费票据 |
| 3 | 住房公积金汇（补）缴书 |
| 4 | 政府性基金票据 |
| 5 | 罚没票据 |
| 6 | 非税收入一般缴款书 |
| 7 | 政府非税收入票据 |
| 8 | 准公共服务取得政府非税收入时开具的收款凭证 |
| 9 | 工会经费专用票据 |
| …… | …… |

## 9.1.4　原始单据数量过多怎么办

如果原始单据数量过多，可以单独装订保管或者使用报销单汇总报销。

**1.单独装订保管**

对于数量很多的原始单据，例如发货单、收货单、领料单等，可以不附在记账凭证后面，而是单独装订保管，同时在封面上注明记账凭证日期、编号、种类，同时在记账凭证上注明"附件另订"（或"所附原始凭证另订"）和原始凭证名称及编号。

对于各种经济合同、存出保证金收据以及涉外文件等重要原始凭证，应当另编目录，单独登记保管，并在有关的记账凭证和原始凭证上均注明对应的日期和编号。

**2. 使用报销单汇总报销**

费用报销单是一种单位内部管理单据，可以在办公用品商店购买，也可以通过内部设计打印出来。费用报销单一般在费用发票金额较小及发票张数较多的情况下使用，由报销人填写相关信息，这样整理后的报销单，票据整齐、内容清晰明了。普通的费用报销单样式如图 9-8 所示，差旅费报销单样式如图 9-9 所示。

______公司费用报销单

| 部门 | | 职务 | | 报销人 | | 报销日期 | 年　月　日 |
|---|---|---|---|---|---|---|---|
| 用途说明 | | | | 票据张数 | 金额 | | 备注 |
| | | | | | | | |
| | | | | | | | |
| | | | | | | | |
| | | | | | | | |
| 合计 | | | | | | | |
| 报销金额合计：人民币（大写）　佰　拾　万　仟　佰　拾　元　角　分　¥：______ | | | | | | | |
| 审批意见 | 预支金额 | | 实报金额 | | | 交回补付金额 | |
| | | | | | | | |
| | 总经理审批 | 财务负责人审核 | 部门负责人审核 | | | 出纳审核 | 报销人签字 |
| | | | | | | | |

图 9-8　费用报销单的样式

______公司差旅费报销单

| 部门 | | | | 职务 | | | | | 报销日期 | | | 年　月　日 | | | |
|---|---|---|---|---|---|---|---|---|---|---|---|---|---|---|---|
| 出差人 | | | | | | | | 出差事由 | | | | | | | |
| 出发 | | | | 到达 | | | | 交通工具 | 交通费 | | 报销单据 | 项目 | 单据张数 | 金额 | 附件 |
| 月 | 日 | 时 | 地点 | 月 | 日 | 时 | 地点 | | 单据张数 | 金额 | | 住宿费 | | | |
| | | | | | | | | | | | | 市内交通费 | | | |
| | | | | | | | | | | | | 餐费 | | | |
| | | | | | | | | | | | | | | | |
| | | | | | | | | | | | | | | | 张 |
| | | | | | | | | | | | | | | | |
| | | | | | | | | | | | | | | | |
| 报销金额合计：人民币（大写）　拾　万　仟　佰　拾　元　角　分　¥：______ | | | | | | | | | | | | | | | |
| 审批意见 | 预支金额 | | | | | | | 实报金额 | | | | 交回补付金额 | | | |
| | | | | | | | | | | | | | | | |
| | 总经理审批 | | | 财务负责人审核 | | | | 部门负责人审核 | | | | 出纳审核 | | 报销人签字 | |
| | | | | | | | | | | | | | | | |

图 9-9　差旅费报销单样式

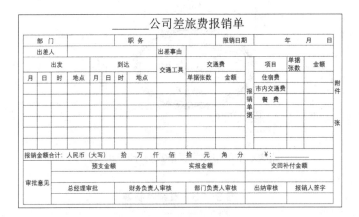

## 9.2 发票如何审核和管理

企业日常购销商品及提供或接受服务的活动，都需要以发票作为会计核算及税务处理的依据。审核报销人提供的发票，帮助报销人学习发票知识是出纳人员的基本工作。

### 9.2.1 如何辨别发票的真伪

辨别发票真伪的方式有很多种，例如可以通过支付宝、微信小程序等 App 来查询发票真伪。下面列举几种常用的辨别发票真伪的方式。

（1）通过网站查询发票真伪。常用的发票查询网站为国家税务总局全国增值税发票查验平台。该网站支持增值税专用发票、增值税电子专用发票、电子发票（增值税专用发票）、电子发票（普通发票）、增值税普通发票（折叠票）、增值税普通发票（卷票）、增值税电子普通发票（含收费公路通行费增值税电子普通发票）、机动车销售统一发票、二手车销售统一发票在线查验。

（2）根据发票监制章来辨别发票真伪。自 2019 年 1 月 1 日起，通用机打发票、通用手工发票、通用定额发票、增值税电子普通发票、二手车销售统一发票、发票换票证等启用新的发票监制章，如图 9-10 所示。

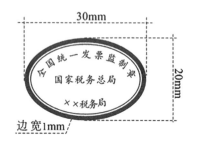

监制章全部字体为正楷7磅，印色为大红

**图 9-10 发票监制章**

（3）通过增值税电子发票版式文件阅读器辨别真伪。采用电子签名代替发票专用章的电子发票同样有法律效力。单位和个人可登录国家税务总局全国增值税发票查验平台下载增值税电子发票版式文件阅读器，查阅增值税电子普通发票票样（见图9-11）。

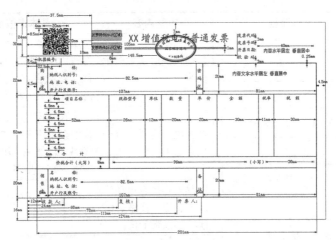

**图 9-11　通过增值税电子发票公共服务平台开具的增值税电子普通发票票样**

### 9.2.2　如何审核发票的内容

一旦出纳将不应该付出去的款项付出去，追回时会产生追缴成本，给单位带来损失。出纳是付款审核的最后一道"防线"，责任重大。出纳对接收到的单据，无论其经过多少人审核、复核，都应该秉持从零开始复核的态度，尤其是在发票的审核上，更要确保发票的合法性，并严格执行报销制度。

小小的一张发票，承载着很多信息，出纳拿到一张发票后，建议按照"从上往下，从左往右"的顺序依次查看，这样做的好处是可以避免审查时漏掉内容。

出纳在审核发票时，应重点审查表9-5所示内容。

**表 9-5　审核发票流程**

| 序号 | 审核流程 | 审核内容 | 具体审核要求 |
|---|---|---|---|
| 1 | 1. 发票户头 | 是否正确填写本单位全称 | 发票户头填写的是简称，或者发票户头填写的不是本单位名称，那么此类发票应予以退回，让开票方更换发票 |
| 2 | 2. 购买方统一社会信用代码 | 是否填写购买方统一社会信用代码 | 自2017年7月1日起，增值税发票均应填写统一社会信用代码。增值税专用发票需要填写的内容则更多 |
| 3 | 3. 发票外观<br>4. 发票专用章 | 发票内容是否存在涂改、伪造、变造、错误、不清晰的情况 | 如果发现此类情况，应予以退回 |
| 4 | 5. 发票版本或发票使用期限 | 发票是否应盖而未盖发票专用章，或者误盖其他章 | 如果漏盖章，应退回给开票方补盖章；如果是使用错误的印章，应让开票方重新开具发票 |
| 5 | 6. 发票开具形式 | 发票是否是旧版发票或发票已超过使用期限 | 如果有此类发票，应退回给发票提供人员 |
| 6 | 7. 发票内容 | 机打发票是否采用手工开具 | 如果有此类发票，应退回给发票提供人员。并对此类情形进行判断，是否存在报销人员有意做假的情况 |
| 7 | 8. 报销单写的金额和后附原始单据金额 | 发票内容是否超出单位预算或者违反单位的报销制度 | 如果超过预算或者违反单位报销制度，则应查看是否有情况说明或特事特批审批单据等 |
| 8 | 9. 差旅费发生地点、时间及出差人员 | 报销单填写的金额是否大于后附单据金额 | 需要退回给报销人员，让其重新整理报销单及附件，同时重新执行报销审批流程 |
| 9 | 10. 银行手续费发票 | 差旅费发生地点、时间及出差人员是否符合出差情况 | 如不一致，应退还给报销人员 |
| 10 | | 银行手续费是否取得发票 | 支付银行手续费的银行回单不能作为所得税税前扣除凭证，应取得相应发票才能作为合规票据 |

### 9.2.3 为何发票备注很重要

出纳在审核发票时，有几类发票的备注需要重点关注。如果发票备注不符合税收规范性文件的要求，则该发票无效，应退回给开票方重新开具发票。下面举例说明如何规范填写常见发票的备注。

**1. 销售不动产发票**

对于销售不动产的业务，出纳在开具发票时，需要在"货物或应税劳务、服务名称"栏填写不动产名称及房屋产权证书号码（无房屋产权证书的可不填写），"单位"栏填写房产的面积以及单位，备注栏填写不动产的详细地址，如图 9-12 所示。

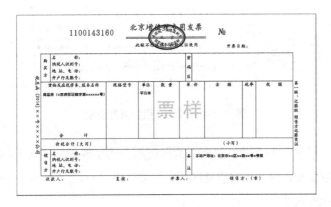

**图 9-12 不动产增值税专用发票**

**2. 建筑工程发票**

出纳开具建筑工程增值税专用发票时，应在发票的备注栏注明建筑工程发生地县（市、区）名称及项目名称，如图 9-13 所示。

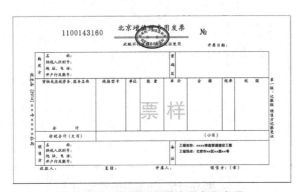

**图 9-13 建筑工程增值税专用发票**

为跨县（市、区）提供建筑服务的小规模纳税人（不包括其他个人）代开增值税发票时，应在发票备注栏中自动打印"YD"（异地）字样。

### 3. 不动产租赁服务发票

出纳为纳税人出租不动产开具的增值税发票需要在备注栏注明不动产的详细地址，如图 9-14 所示。

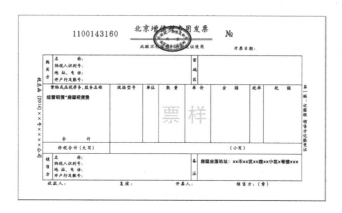

**图 9-14　不动产租赁服务发票**

为跨县（市、区）提供不动产经营租赁服务的小规模纳税人（不包括其他个人）代开值税发票时，在发票备注栏中自动打印"YD"（异地）字样。

### 4. 旅游服务发票

出纳处理旅行社提供旅游服务业务时，选择按差额计税，不得开具增值税专用发票，可以开具增值税普通发票，发票备注栏自动打印"差额征税"字样，如图 9-15 所示。旅行社提供旅游服务不应与其他应税行为混开发票。

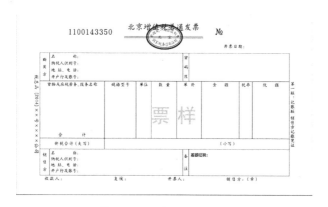

**图 9-15　旅游服务发票**

### 5. 货物运输服务发票

开具的货物运输服务增值税专用发票和增值税普通发票，应将起运地、到达地、车种车号以及运输货物信息等内容填写在发票备注栏中（见图 9-16），如内容较多可另附清单。

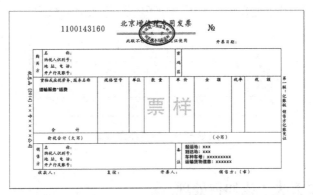

**图 9-16　货物运输服务发票**

### 6. 车船税发票

单位取得缴纳机动车交通事故责任强制保险发票，应将保险单号、税款所属期（详细至月）、代收车船税、滞纳金、合计金额等填写在发票备注栏中，如图 9-17 所示。该增值税发票可作为缴纳车船税及滞纳金的会计核算原始凭证。

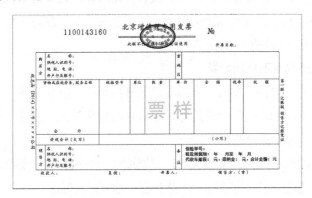

**图 9-17　车船税发票**

### 7. 劳务派遣发票

劳务派遣选择按差额计税，不得开具增值税专用发票，可以开具增值税普通发票，发票备注栏自动打印"差额征税"字样，如图 9-18 所示。劳务派遣不应与其他应税行为混开发票。

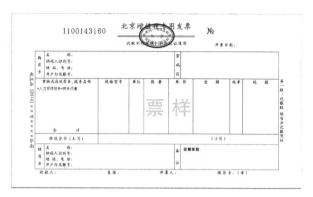

**图 9-18　劳务派遣发票**

## 9.2.4　发票丢失了该如何处理

在企业经营过程中，参与发票传递过程的人员众多，虽然企业有发票管理规定，但仍然可能发生发票丢失的情况，一种情况是丢失空白发票，另一种情况是丢失从外单位取得的发票。

### 1. 丢失空白发票

单位对领用的空白发票应严格履行发票使用登记制度，及时在发票登记簿进行相关的记载。如果出现发票丢失情况，应在丢失当日，及时向税务机关出具书面报告并提交发票挂失损毁报告表。

### 2. 丢失从外单位取得的发票

丢失从外单位取得的发票，应当取得原开出单位盖有公章的证明，并注明原发票的号码、金额和内容等，由经办单位会计机构负责人、会计主管人员和单位领导人批准后，代作原始凭证。

如果丢失的是已开具的增值税专用发票或机动车销售统一发票，则其作为抵扣凭证、退税凭证或记账凭证需按照表 9-6 所示方式处理。

**表 9-6　丢失发票后，抵税、退税、记账的解决方法**

| 序号 | 丢失已开具的发票种类 | | 增值税进项税额抵扣、退税<br>及记账的解决办法 |
|---|---|---|---|
| 1 | 发票联和抵扣联 | 增值税专用发票 | 以加盖销售方发票专用章的记账联复印件作为增值税进项税额抵扣、退税及记账的原始单据 |
| | | 机动车销售统一发票 | |
| 2 | 抵扣联 | 增值税专用发票 | 以发票联复印件作为增值税进项税额抵扣、退税的原始单据 |
| | | 机动车销售统一发票 | |
| 3 | 发票联 | 增值税专用发票 | 以抵扣联复印件作为退税及记账的原始单据 |
| | | 机动车销售统一发票 | |

　　对于确实无法取得证明的，如火车票、轮船票、飞机票等凭证，可以要求经办人写出详细的情况，根据单位内部的报销制度规定审核批准后，代作原始凭证。需要注意的是，这里火车票、轮船票、飞机票等使用情况说明在所得税汇算清缴时，需要进行纳税调增。

# 第 10 章 付款业务的流程及规则

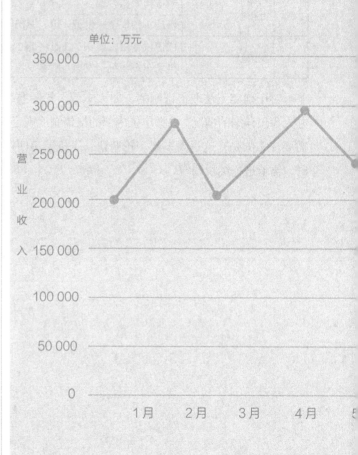

7月    8月    9月    10月    11月    12月

间

不同的单位，因人员不同、岗位设置不同、业务的复杂程度不同，付款的流程也不尽相同。但是为了保证单位资金的安全性，出纳在付款时，均应严格按照单位内部流程进行付款。

# 10.1　采购付款业务的流程

单位在支付采购款时，应如何保证支付流程顺畅、相关人员各司其职呢？对于出纳来说，出纳保管的钱，支付给谁、支付多少，并不是由出纳自己做主决定，而是需要经过授权审批。从某种意义上说，经过审批签字后的单据，才是授予出纳给指定人员支付确定的金额款项权力的凭证。

一般来讲，出纳支付的采购款项主要包括预付款、备用金等借款、货款、固定资产采购款等。

## 10.1.1　预付款的支付流程

不同单位在支付预付款时，流程可能有所不同。大多数中小型企业支付预付款时，都需要经过相关人员的审批。图 10-1 所示的流程是常见的企业预付款流程。

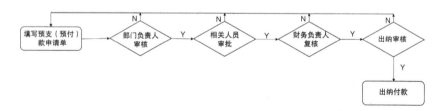

**图 10-1　预付款流程**

预支（预付）款申请单，可以去商店、超市购买，也可以根据单位情况设计后批量印刷，或者自行打印。常见的预支（预付）款申请单如表 10-1 所示。

## 表 10-1　预支（预付）款申请单

＿＿＿＿＿＿＿＿公司预支（预付）款申请单

| 申请部门 | | 申请人 | | 申请日期 | | 年　　月　　日 | |
|---|---|---|---|---|---|---|---|
| 申请金额 | 人民币（大写）　佰　拾　万　仟　佰　拾　元　角　分　　　　¥：＿＿＿＿＿＿ | | | | | | |
| 付款方式 | □现金　□汇款　□支票（票号：＿＿＿＿＿＿）<br>□承兑　□其他＿＿＿＿＿＿ | | | | | | |
| 收款单位 | | | | | | | |
| 开户银行 | | | | | | | |
| 账号 | | | | | | | |
| 付款事由 | | | | | | | |
| 审批意见 | 总经理 | 部门负责人 | 财务负责人 | 会计 | | 出纳 | 申请人 |

### 【例 10-1】

2022 年 1 月 12 日，雷光电灯厂与宗诚恭制造公司签订了一份购买设备的合同。合同总金额为 598 900.00 元，合同规定雷光电灯厂 2022 年 1 月 13 日预付 100 000.00 元货款，3 月 18 日预付 300 000.00 元货款，4 月 20 日预付 140 000.00 元货款，12 月 28 日支付尾款 58 900.00 元。宗诚恭制造公司应于收到尾款前，开具全部设备款的增值税专用发票。

出纳在办理预付款业务时，可参考表 10-2 内容进行预付款的审核。

## 表 10-2　预付款的审核

| 序号 | 审核内容 | 解决思路 |
|---|---|---|
| 1 | 如果是新供应商，可通过登录企查查、爱企查、天眼查等网站，查询供应商是否存在风险 | 如供应商被提示存在风险，应向有关领导汇报，以决定是否继续与该供应商合作 |
| 2 | 供应商是否因为之前存在退换货，有货款尚未扣减 | 如存在该情况，应告知申请人，让其修改申请单并重新执行审批流程 |
| 3 | 查询同笔业务，是否已付款给供应商，之前预付的金额和本次拟支付的金额，是否不超过全额货款 | 如果合计数超过全额货款，应告知申请人，让其修改申请单并重新执行审批流程 |
| 4 | 本次拟支付的款项是否按照合同规定的付款进度进行 | 如未按照合同规定进度付款，需申请人写明理由，请示相关领导后，决定是否付款 |

续表

| 序号 | 审核内容 | 解决思路 |
|---|---|---|
| 5 | 设备预付款比例是否超过单位规定的设备预付款比例 | 如超过单位规定的设备预付款比例，需申请人写明理由，请示相关领导后，决定是否付款 |
| 6 | 设备未使用验收前，预付款总数是否超过单位规定的比例 | 如超过单位规定的比例，需申请人写明理由，请示相关领导后，决定是否付款 |
| 7 | 是否是完整的预付款审批流程 | 如审批流程不完整，应让申请人执行完整的审批流程 |

雷光电灯厂与宗诚恭制造公司的出纳的账务处理如表 10-3 所示。

### 表 10-3 账务处理

| 序号 | 日期 | 雷光电灯厂账务处理 | 宗诚恭制造公司账务处理 |
|---|---|---|---|
| 1 | 2022-1-13 | 借：预付账款——宗诚恭制造公司 100 000.00<br>　　贷：银行存款 100 000.00<br>凭证附件为：宗诚恭制造公司开具的收据联，雷光电灯厂汇款的银行回单及付款申请单 | 借：银行存款 100 000.00<br>　　贷：预收账款——雷光电灯厂 100 000.00<br>凭证附件为：宗诚恭制造公司开具的收据记账联，及其收到款项的银行回单 |
| 2 | 2022-3-18 | 借：预付账款——宗诚恭制造公司 300 000.00<br>　　贷：银行存款 300 000.00<br>凭证附件为：宗诚恭制造公司开具的收据联，雷光电灯厂汇款的银行回单及付款申请单 | 借：银行存款 300 000.00<br>　　贷：预收账款——雷光电灯厂 300 000.00<br>凭证附件为：宗诚恭制造公司开具的收据记账联，及其收到款项的银行回单 |
| 3 | 2022-4-20 | 借：预付账款——宗诚恭制造公司 140 000.00<br>　　贷：银行存款 140 000.00<br>凭证附件为：宗诚恭制造公司开具的收据联，雷光电灯厂汇款的银行回单及付款申请单 | 借：银行存款 140 000.00<br>　　贷：预收账款——雷光电灯厂 140 000.00<br>凭证附件为：宗诚恭制造公司开具的收据记账联，及其收到款项的银行回单 |
| 4 | 2022-12-28 | 借：固定资产 530 000.00<br>　　应交税费——应交增值税（进项税额）68 900.00<br>　　贷：预付账款——宗诚恭制造公司 540 000.00<br>　　银行存款 58 900.00<br>凭证附件为：宗诚恭制造公司开具的设备发票，雷光电灯厂汇款的银行回单及付款申请单，固定资产验收入库单 | 借：银行存款 58 900.00<br>借：预收账款——雷光电灯厂 540 000.00<br>　　贷：主营业务收入 530 000.00<br>　　应交税费——应交增值税（销项税额）68 900.00<br>凭证附件为：宗诚恭制造公司开具的设备发票记账联，收到款项的银行回单 |

## 10.1.2　备用金等借款的审批流程

单位人员因为日常工作需要临时向单位预借的款项，主要包括员工预借差旅费、业务员零星采购预支款项、经单位核准的周转使用的备用金及其他需要预借的款项。

单位人员在预借款项时，应预先填好借款单，根据单位内控制度，找相关人员审批签字，然后持已签字的借款单，到出纳处领钱。常见的单位内部员工预借款的支付流程如图10-2所示。

**图10-2　借款支付流程**

### 1. 填写借款单

借款单如何填写呢？在填写过程中，需要注意哪些事项呢？这里以表10-4所示的借款单为例来说明借款单填写过程中的注意事项。

**表10-4　借款单**

_____公司借款单

| 借款部门 | | 借款人 | | 借款日期 | | 年　　　月　　　日 | |
|---|---|---|---|---|---|---|---|
| 借款金额 | 人民币（大写）　佰　拾　万　仟　佰　拾　元　角　分　　　　　¥：_____ | | | | | | |
| 付款方式 | □现金　□汇款　□支票（票号：_____）<br>□承兑　□其他_____ | | | | | | |
| 借款事由 | | | | | | | |
| 审批意见 | 总经理 | 部门负责人 | 财务负责人 | 会计 | 出纳 | 借款人 | |
| | | | | | | | |

借款单填写方式如表10-5所示。

**表10-5　借款单的填写方式**

| 序号 | 项目 | 填写方式 |
|---|---|---|
| 1 | 借款日期 | 按实际付款日期填写 |
| 2 | 借款部门 | 按借款人所在的部门填写 |
| 3 | 借款人 | 按实际借款人填写 |

续表

| 序号 | 项目 | 填写方式 |
|---|---|---|
| 4 | 借款事由 | 按实际借款的用途来填写 |
| 5 | 借款金额 | 大小写金额要一致，如果存在涂改、挖补等，需要重新填写 |
| 6 | 付款方式 | 按实际付款的方式来填写 |
| 7 | 审批意见 | 根据单位财务管理制度，由单位相关人员签署意见 |

借款单作为单位内部资金管理单据，一般是不对外使用的。如果单据上有内容填写错误，或者填写好后又不借款了，可以直接把借款单撕毁。为了避免借款单被人为地恢复，作废的借款单应使用碎纸机粉碎，或者用手撕成无法拼接的小纸片。

### 2. 审核借款单

出纳在审核借款单时，应重点关注表 10-6 所示内容。

#### 表 10-6　借款单的审核要点

| 序号 | 审核项目 | 审核内容 | 审核结果的处理 |
|---|---|---|---|
| 1 | 借款原因的真实性 | 查看员工借款的原因，确认是否真实，所借款项用途是否符合单位制度规定 | 如不真实或不符合单位规定，则不予借款，退回借款单 |
| 2 | 借款理由的合理性 | 根据借款事由，简单核算借款金额是否与借款事由相匹配。例如，去一线城市和去四线城市出差同样天数，预借的差旅费肯定有差异，如果相同条件下，去四线城市预借的差旅费比去一线城市多，就需要让借款人说明理由 | 对于借款金额不合理者，需借款人写明理由，如理由不正当，则需借款人重新填写借款单，重新进行审批流程 |
| 3 | 借款的必要性 | 根据借款事由，查看借款是否有必要 | 如借款是非必要借款，则不予借款，退回借款单 |
| 4 | 借款人的借款资格 | ①是否存在以前的借款没有归还的情况，如果单位有"前款不清，后款不借"的规定，则有借款未还的人员，不能再借款②员工是否身份特殊，例如是否为屡借不还人员、非正式员工、辞退人员、开除人员、退休人员、离职人员、调岗到其他单位的人员等 | 如果借款人属于不能借款的，则将借款单退回给借款人 |
| 5 | 流程的齐全性 | 查看审批签字流程是否执行到位，借款单签字不全，意味着审批流程未执行到位，应该审批的人员没有审批 | 如签字不全，应让借款人补足签字手续 |

表 10-6 第 4 项所提到的人员在借款时，出纳需要秉持谨慎性原则，确认是否可以付款给他们，以及付款后是否能够收回款项。

表 10-6 第 5 项所提到的情形，如果单位有明确规定，可以通过微信、短信、邮件等方式授权付款，并保留授权截图，则出纳仍可以付款，但事后借款人仍然需要找相关当事人签字。

**3. 出纳的后续工作**

（1）为了保证资金安全，提高资金使用效率，避免出现资金闲置、长借不还等现象，出纳应定期清点借款单，对于长期未归还的款项，需要提醒借款人尽早归还，如长时间未清理借款，需要对方给出理由及具体还款时间。

（2）作为完整记录了资金支付过程的借款单，出纳应在支付款项后，把借款单作为原始凭证，登记记账凭证。

## 10.1.3　货款结算的付款流程

单位在对外支付货款时，通常都是根据单位设置好的流程进行的。常见的支付货款的流程如图 10-3 所示。

**图 10-3　货款支付流程**

出纳在审核付款申请单时，可参照表 10-7 所示内容。

**表 10-7　付款单审核要点**

| 序号 | 审核要点 | 解决办法 |
| --- | --- | --- |
| 1 | 内容是否真实 | 如内容不真实，退回申请单，并告知申请人理由 |
| 2 | 填写是否完整 | 如填写不完整，应让申请人补充完整 |
| 3 | 签字是否完整，审批流程是否完整 | 如签字或审批流程不完整，应让申请人补足签字或执行完整的审批流程 |
| 4 | 计算是否准确，小计数、合计数是否核算正确 | 如存在差异，退回申请单，让申请人重新填制 |
| 5 | 大小写金额是否一致，是否存在涂改的痕迹 | 如存在不一致或涂改的痕迹，退回申请单，让申请人重新填制并且重新执行审批流程 |
| 6 | 付款金额与发票、合同协议等其他资料是否一致 | 如存在不一致，让申请人写明理由，理由正当者，予以付款，否则退回申请单 |

| 序号 | 审核要点 | 解决办法 |
|---|---|---|
| 7 | 付款金额是否在资金使用计划内（如果有该计划） | 未在计划内的，告知借款人按照单位特事特办的规定执行流程 |
| 8 | 与会计确认应支付的总金额、已支付的金额、未支付的金额、本次需要支付的金额是否超出货款总金额 | 如超出货款总金额，应告知申请人让其重新填制申请单及重新执行审批流程 |
| 9 | 采购相关单据和凭证是否齐备，例如采购合同、采购协议、请购单、订购单、物资入库单、验收单、发票、进口货物的报关单等 | 如缺少资料，应让申请人补齐资料后，再予以付款 |
| 10 | 与供货商是否存在纠纷 | 如存在纠纷，应向有关领导汇报这一情况，以确定是否支付款项 |
| 11 | 收款人、开票方、供货商名称是否一致 | 如不一致，让申请人写明理由，向有关领导汇报这一情况，以确定是否支付款项 |
| 12 | 货物是否存在质量问题或者数量不准确的情形 | 如存在这种情况，应告知申请人，重新核算本次需支付的款项并填制申请单，重新执行审批流程 |

在工作中，出纳有时候会遇到供货商不提供发票的情况，这种情形下，出纳能付款吗？供货商不提供发票有两种情况。

第一种情况，供货商暂时不能按照合同提供发票，经双方协商一致，过一段时间再提供发票，如果付款申请单签字审批流程完整，则即使没有发票，出纳也应当按照审批金额进行付款。

第二种情况，有些供货商说如果要发票则需要额外收取费用，如果不要发票可以优惠一定金额，有些采购人员一听可以省钱，就选择不要发票。出纳遇到这种供货商不提供发票但是需要付款的情况，该如何处理呢？

出纳应向付款申请人说明不要发票的危害，例如不要发票，不仅会导致企业税收利润虚增，多交企业所得税、增值税，使企业整体市值不真实，而且可能帮助对方偷税漏税、损害国家税收利益。如果付款申请人坚决要求付款，且审批流程都完备，出纳应予以付款，后期应提醒付款申请人与对方协商沟通以索取发票。

## 10.1.4　固定资产的采购付款流程

固定资产是指为单位生产商品、提供劳务、出租或经营管理而持有且使用寿命超过一个年度的非货币性资产。

单位在购买固定资产时，需要经过一系列流程并填制一些必要的表单，图

10-4为常见的购买固定资产的流程，表10-8为固定资产购置申请表，表10-9为固定资产验收单。

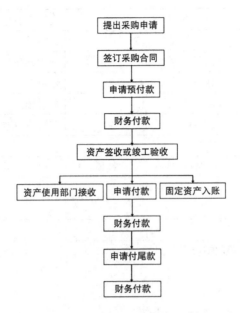

**图10-4 购买固定资产流程**

**表10-8 固定资产购置申请表**

_____公司固定资产购置申请表

| 申请项目/部门 | | | 申请日期 | | | | | |
|---|---|---|---|---|---|---|---|---|
| 序号 | 固定资产名称 | 型号及主要参数 | 申购数量 | 单位 | | 已有同类设备数量 | 预计单价（元） | 预计总价（元） |
| 1 | | | | | | | | |
| 2 | | | | | | | | |
| 合计 | | | | | | | | |
| 购置原因 | | | | | | | | |
| | | | | 申请人签名： | | | 年 月 日 | |
| 审批意见 | 项目/部门负责人 | 签名：<br>年 月 日 | | 固定资产管理负责人 | | | 签名：<br>年 月 日 | |
| | 财务负责人 | 签名：<br>年 月 日 | | 总经理 | | | 签名：<br>年 月 日 | |

## 表 10-9　固定资产验收单

_____公司固定资产验收单

| 资产编号 | | 资产名称 | | 规格（型号） | |
|---|---|---|---|---|---|
| 出厂编号 | | 资产代码 | | 合同号 | |
| 购置日期 | | 出厂日期 | | 到货日期 | |
| 计量单位 | | 数量 / 单位 | | 领用人 | |
| 单价（元） | | 总价（元） | | 发票号 | |
| 制造商 | | 供应商 | | 安装使用地点 | |
| 附件清单： | | | | | |
| 序号 | 名称 | 规格型号 | 数量 | 出厂编号 | 备注 |
| 1 | | | | | |
| 2 | | | | | |
| 3 | | | | | |
| 验收意见 | 固定资产验收情况说明：<br><br><br><br>参加验收人员签名：<br><br><br><br>验收日期：　　年　　月　　日 | | | | |
| | 固定资产部门负责人 | 签名：<br>年　　月　　日 | | 部门负责人 | 签名：<br>年　　月　　日 |
| | 总经理 | 签名：<br>年　　月　　日 | | | |

注：此表一式三份，资产使用部门、资产管理部门、财务部各一份。

**【例 10-2】**

2022 年 3 月 15 日，海顺鱼竿公司购买一台打印、复印、扫描一体机，价税合计 22 600.00 元，取得了增值税专用发票，发票上注明增值税税额为 2 600.00 元，出纳以银行电汇的方式全额付款。

出纳可参考表 10-10 所示的内容审核接收到的单据。

### 表 10-10　固定资产付款审核要点

| 序号 | 审核内容 | 解决办法 |
|---|---|---|
| 1 | 是否有固定资产采购合同 | 如没有，需申请人提供合同 |
| 2 | 是否有入库单、验收证明 | 如没有，需申请人提供入库单、验收证明 |
| 3 | 是否按合同阶段性付款要求进行付款 | 如未按合同阶段性付款要求进行付款，则让申请人写明理由，向有关领导确认后，再决定是否付款 |
| 4 | 项目、单价、金额是否正确 | 如不正确，需重新填写申请单，并重新执行审批流程 |
| 5 | 是否按照报销流程进行审核 | 如流程不完整，需执行完整的流程 |
| 6 | 经办人、审批人签字是否齐全 | 如签字不完整，需补足签字 |
| 7 | 购置固定资产发票是否合规 | 如发票不合规，应退回给申请人，待发票更换好后，再予以付款 |
| 8 | 发票日期及金额是否与采购合同对应 | 如不对应，需申请人写明原因，向有关领导确认后，方可决定是否付款 |

出纳根据审核无误的单据进行付款，付款后应编写以下会计分录。

借：固定资产——一体机　　　　　　　　　　20 000.00
　　应交税费——应交增值税（进项税额）　　2 600.00
　　贷：银行存款　　　　　　　　　　　　　　　　22 600.00

## 10.2　报销费用业务的流程

出纳与单位人员接触最多的工作环节莫过于报销环节。在这个环节中，出纳的一言一行代表了财务部门，也考验财务部门是否能在坚持原则的同时，保持高服务水平。

### 10.2.1　费用报销的基本流程

不同费用的审核方法有很多区别，其对应的报销流程也会有区别，表 10-11 所示为常见的费用报销流程。

**表 10-11　报销费用流程**

| 步骤 | 工作内容及关键节点 | 说明 | 责任主体 | 相关表单 |
|---|---|---|---|---|
| 1 | 整理报销单据 → 填写费用报销申请单 | 报销人将原始单据整理整齐后，按照业务种类有次序地将原始单据粘贴在原始凭证粘贴单上（如果没有粘贴单，可以用一张与凭证大小相同的纸张代替），并在报销单据上填写单据张数、大小写金额、用途、经手人、报销日期等 | 报销人 | 报销单据 报销发票 借款单 合同 入库单 验收单 送货单 消费清单 出差审批单 里程表 保险合同 维修清单 房屋租赁合同 供电部门电费发票复印件 水电费原始凭证分割单 抄表单 工资表 考勤表 等 |
| 2 | 部门负责人审核（N/Y） | 根据审批权限，由部门负责人进行审核，部门负责人对所发生费用的必要性、真实性、合理性、规范性等负责，并在报销单据上签字。若不符合要求，直接退回给报销人 | 部门领导 | |
| 3 | 公司领导审核（N/Y） | 公司相关领导，根据财务报销制度中对审批权限的规定进行审核，如发现不符合要求，退回财务部门，由财务部门跟进处理 | 公司领导 | |
| 4 | 财务审核（N/Y） | 财务部门会计人员对单据进行审核，包括费用是否符合报销标准，单据和票据是否符合财务规范等要求 | 会计人员 | |
| 5 | 出纳审核（N/Y） | 出纳对票据的真实性、合理性、金额的准确性，报销单填写的规范性，审批的连续性等进行审核 | 出纳 | |
| 6 | 出纳付款 | 出纳审核无误后，予以报销并保存单据 | 出纳 | |

## 10.2.2　业务招待费的报销审核要点

业务招待费是单位的经常性支出，包括餐饮、娱乐、礼品等相关支出。单位人员在进行业务招待费报销前，可利用图 10-5 所示的报销单来进行业务招待费原始单据的分类整理。对于不需要统计业务招待费具体指标的单位，可以简化报销单的设计，只做基础信息的统计。

**公司业务招待费报销单**

| 部门 | | 职务 | | 报销人 | | 报销日期： 年 月 日 | |
|---|---|---|---|---|---|---|---|
| 序号 | 招待日期/期间 | 招待地点 | 招待对象 单位 | 招待对象 人数 | 招待事由 | 陪同人员姓名 | 金额 |
| 1 | | | | | | | |
| 2 | | | | | | | |
| 序号 | 餐饮费 原始单据张数 | 餐饮费 金额 | 礼品礼金 原始单据张数 | 礼品礼金 金额 | 其他 原始单据张数 | 其他 金额 | |
| 1 | | | | | | | |
| 2 | | | | | | | |
| 小计 | | | | | | | |
| 报销金额合计：人民币（大写） 仟 佰 拾 万 仟 佰 拾 元 角 分 ¥： | | | | | | | |
| 审批意见 | 预支金额 | | 实报金额 | | 交回补付金额 | | |
| | 总经理审批 | 财务负责人审核 | 部门负责人审核 | | 出纳审核 | 报销人签字 | |

**图 10-5 业务招待费报销单**

## 【例 10-3】

2022 年 1 月 20 日，海顺鱼竿公司的业务人员填制好业务招待费报销单，金额合计 2 158.00 元，均已取得增值税普通发票，并经过了相关人员的审批，向出纳申请付款。

出纳可参考表 10-12 所示的内容审核接收到的单据。

**表 10-12 业务招待费报销审核要点**

| 序号 | 审核内容 | 解决办法 |
|---|---|---|
| 1 | 是否业务发生在不同时间，但是发票是连号的 | 如存在该类情况，需要报销人说明理由；理由不正当者，退回报销单，让报销人重新整理单据及执行报销流程 |
| 2 | 发票开具日期是否与业务招待发生的日期相近 | 如时间相差很大，需要报销人说明理由；理由不正当者，退回报销单，让报销人重新整理单据及执行报销流程 |
| 3 | 是否有消费清单 | 如没有消费清单，让报销人补充资料；待补充完整后，再予以报销 |
| 4 | 经办人、审批人签字是否齐全 | 如存在签字不全的情况，需让报销人补足签字 |
| 5 | 是否按照报销流程进行审核 | 如存在流程不完整的情况，需让报销人执行完整的审批流程 |
| 6 | 是否超过单位业务招待费预算 | 如超过预算，看单位具体制度如何规定，是可以按预算报销，还是可以选择特事特办 |
| 7 | 人均消费金额是否超过单位相关规定 | 如超过规定，按照单位超过标准的规定执行 |

续表

| 序号 | 审核内容 | 解决办法 |
|---|---|---|
| 8 | 横向比较，相同就餐地点是否人均消费金额差距大 | 如存在该类情况，需要报销人说明理由；理由不正当者，退回报销单，让报销人重新整理单据及执行报销流程 |
| 9 | 陪同人员是否过多，超过单位的相关规定 | |

出纳根据审核无误的单据进行付款，付款后应编写以下会计分录。

借：管理费用——业务招待费　　　　2 158.00

　　贷：银行存款　　　　　　　　　　　2 158.00

凭证附件为费用报销单、招待费发票、消费清单、银行回单。

### 10.2.3　差旅费的报销审核要点

差旅费是单位常见的一种费用支出，通常来说是指单位人员因公务出差，临时到单位所在地以外地区所发生的交通费、住宿费、伙食费、公杂费、差旅费补贴等各项费用。单位人员在进行差旅费报销前，可借助图 10-6 所示报销单来进行原始单据的分类整理。

图 10-6　差旅费报销单

【例 10-4】

2022 年 1 月 25 日，海顺鱼竿公司的业务人员填制好差旅费报销单，金额合计 1 245.90 元，均已取得增值税普通发票，并经过了相关人员的审批，向出纳申请付款。

出纳可参考表 10-13 所示的内容审核接收到的单据。

**表 10-13　差旅费报销审核要点**

| 序号 | 审核内容 | 解决办法 |
|------|----------|----------|
| 1 | 是否存在预支款项 | 如存在预支款项，应按照冲抵预支款项后的金额支付 |
| 2 | 发票开具日期是否与出差日期相符 | 如不相符，需要报销人说明理由；理由不正当者，退回报销单，让报销人重新整理单据及执行审批流程 |
| 3 | 所填交通费、餐费、住宿费等发生地点是否与实际相符 | 如不相符，需要报销人说明理由；理由不正当者，退回报销单，让报销人重新整理单据及执行审批流程 |
| 4 | 经办人、审批人签字是否齐全 | 如存在不齐全的情况，需退回报销单，让报销人补足签字 |
| 5 | 是否按照报销流程进行审核 | 如未按流程审核，需退回报销单，让报销人执行完整的审批流程 |
| 6 | 是否超过单位差旅费预算 | 如超过预算，看单位具体制度如何规定，是可以按预算报销，还是可以选择特事特办 |
| 7 | 费用标准是否超过单位相关规定 | 如超过规定，按照单位超过标准的规定执行 |
| 8 | 是否存在绕行或者顺道回家、探亲、办私事等情况 | 如存在该类情况，需退回报销单，让报销人重新整理单据及执行审批流程 |
| 9 | 通过地图软件查询打车费用是否与实际相符，是否存在短途步行但用车票报销的情况，是否存在打车发票号码连续的情况 | |
| 10 | 是否存在同性人员出差租住的房间数量过多的情况，例如 3 人出差，租住 3 个房间等 | |

出纳根据审核无误的单据进行付款，付款后应编写以下会计分录。

借：管理费用——差旅费　　　　1 245.90

贷：银行存款　　　　　　　　　1 245.90

凭证附件为费用报销单、差旅费发票、银行回单。

## 10.2.4　车辆使用费的报销审核要点

单位的车辆使用费一般包括保险费、保养和维修费、加油费、停车费、过路费、车辆相关配饰费等费用。单位人员在进行车辆使用费报销前，可借助图 10-7 所示报销单来进行原始单据的分类整理。

| 公司车辆使用费报销单 | | | | | | |
|---|---|---|---|---|---|---|
| 部门 | | 职务 | | 报销人 | | |
| 车号 | | 车型 | | 报销日期 | 年　月　日 | |
| 序号 | 项目 | 原始单据张数 | 金额 | 备注 | | |
| 1 | 油　费 | | | 一百千米耗油量： | | |
| 2 | 修理费 | | | | | |
| 3 | 汽配费 | | | | | |
| 4 | 过路费 | | | | | |
| 5 | 保险费 | | | | | |
| 6 | 道路费 | | | | | |
| 7 | 停车费 | | | | | |
| 8 | 年检费 | | | | | |
| 9 | 年审费 | | | | | |
| 10 | 其　他 | | | | | |
| 合计 | | | | | | |
| 报销金额合计：人民币（大写）　　佰　拾　万　仟　佰　拾　元　角　分　　¥： | | | | | | |
| 审批意见 | 预支金额 | | 实报金额 | | 交回补付金额 | |
| | 总经理审批 | 财务负责人审核 | 部门负责人审核 | 出纳审核 | 报销人签字 | |

**图 10-7　车辆使用费报销单**

## 【例 10-5】

2022 年 2 月 22 日，海顺鱼竿公司的司机老王填制好车辆使用费报销单，金额合计 625.00 元，其中加油费 400.00 元，停车费 60.00 元，过路费 105.00 元，汽车脚垫费 60.00 元，均已取得增值税普通发票，并经过了相关人员的审批，现向出纳申请付款。

出纳可参考表 10-14 所示的内容审核接收到的单据。

**表 10-14　车辆使用费报销审核要点**

| 序号 | 审核内容 | 解决办法 |
|---|---|---|
| 1 | 是否存在预支款项 | 如存在预支款项，应按照冲抵预支款项后的金额支付 |
| 2 | 经办人、审批人签字是否齐全 | 如不齐全，需让报销人补足签字 |
| 3 | 是否按照报销流程进行审核 | 如未按照流程审核，需让报销人执行完整的审批流程 |
| 4 | 是否超过单位车辆使用费预算 | 如超过预算，看单位具体制度如何规定，是可以按预算报销，还是可以选择特事特办 |
| 5 | 费用标准是否超过单位相关规定 | 如超过规定，按照单位超过标准的规定执行 |
| 6 | 是否存在不能报销的违反交通法规的罚款 | 如存在罚款，不能予以报销，应退回报销单，让报销人重新整理单据及执行审批流程 |
| 7 | 是否存在不能报销的驾驶人员主观意识造成的维修费 | 如存在，不能予以报销，应退回报销单，让报销人重新整理单据及执行审批流程 |

| 序号 | 审核内容 | 解决办法 |
|---|---|---|
| 8 | 车辆保险费金额与往年相比是否存在很大差距 | 如存在很大差距，需报销人说明理由；理由不正当者，不予以报销 |
| 9 | 是否未在单位指定地点进行维修 | 如存在未在指定地点进行维修，需报销人说明理由；理由不正当者，不予以报销 |
| 10 | 洗车的频率是否存在异常，洗车的地点是否在单位指定地点 | 如存在洗车频率过高或者洗车地点不在单位指定地点，需报销人说明理由；理由不正当者，不予以报销 |
| 11 | 是否单位有油卡，还存在个人报销汽车加油费的情况 | 如存在个人报销汽车加油费的情况，需报销人说明理由；理由不正当者，不予以报销 |
| 12 | 车辆是否未按单位规定地点停放 | 如存在车辆停在单位规定地点以外的地方，需报销人说明理由；理由不正当者，不予以报销 |
| 13 | 查看用车记录是否合理，油耗是否合理（可通过地图软件查询所填写的里程是否准确） | 如存在用车记录或者油耗不合理的情况，需报销人说明理由；理由不正当者，不予以报销 |
| 14 | 是否存在绕行或者顺道回家、探亲、办私事等情况 | 如存在该类情况，需退回报销单，让报销人重新整理单据及执行审批流程 |
| 15 | 用车记录的时间、地点、人物是否填写完整 | 如存在该类情况，需退回报销单，让报销人补充完整用车记录，再进行报销 |

出纳根据审核无误的单据进行付款，付款后应编写以下会计分录。

借：管理费用——车辆使用费      625.00

    贷：银行存款          625.00

凭证附件为费用报销单、发票、银行回单。

## 10.2.5 水电费的报销审核要点

水费、电费是每个单位必不可少的一笔费用，其报销流程和审核要点相比其他费用更为简单。但是部分单位会出现与其他单位共用一个水表、电表的情况，而水电费的发票只能由一家单位保留，那么保留原始凭证的单位应该给其他共同承担水电费的单位开具原始凭证分割单。

图10-8列举了通用原始凭证分割单的样式。出纳不能仅凭原始凭证分割单就给予报销，还需要取得水电费发票开具单位开具的收款收据，并取得水电费发票的复印件。

原始凭证分割单

年　　　月　　　日　　　　编号：

| 接收单位名称 | | | 地址 | | | | | | | | | | | |
|---|---|---|---|---|---|---|---|---|---|---|---|---|---|---|
| 原始凭证 | 单位名称 | | 地址 | | | | | | | | | | | |
| | 凭证名称 | | 日期 | | 发票号码 | | | | | | | | | |
| 总金额 | 人民币（大写） | | | 千 | 百 | 十 | 万 | 千 | 百 | 十 | 元 | 角 | 分 | |
| 分割金额 | 人民币（大写） | | | 千 | 百 | 十 | 万 | 千 | 百 | 十 | 元 | 角 | 分 | |
| 原始凭证主要内容 及分割原因 | 主要内容 | | | | | | | | | | | | | |
| | 分割原因 | | | | | | | | | | | | | |
| 备注 | | | | | | | | | | | | | | |

单位名称（章）：　　　　会计：　　　　制单：

**图 10-8　通用原始凭证分割单**

## 【例 10-6】

2022 年 2 月 8 日，海顺鱼竿公司的行政小田填制好电费报销单，金额合计 230.60 元，已取得电力局开具的增值税普通发票，并经过了单位相关人员的审批，现向出纳申请付款。

出纳可参考表 10-15 所示的内容审核接收到的单据。

**表 10-15　水电费报销审核要点**

| 序号 | 审核内容 | 解决办法 |
|---|---|---|
| 1 | 是否存在预支款项 | 如存在预支款项，应按照冲抵预支款项后的金额支付 |
| 2 | 经办人、审批人签字是否齐全 | 如不齐全，需让报销人补足签字 |
| 3 | 是否按照报销流程进行审核 | 如未按照流程审核，需让报销人执行完整的审批流程 |
| 4 | 单价乘以用量，是否与水电费金额相符 | 如不相符，应退回报销单，需让报销人重新填制 |
| 5 | 电费使用数，是否与电表或电力局官网相符 | 如不相符，应让报销人写明理由；理由不正当者，应退回报销单，让报销人重新填写 |
| 6 | 水费使用数是否与水表上的数字相符 | |
| 7 | 水电费是否与企业产能相匹配 | |
| 8 | 水电费分割单上的分割用水量、用电量是否不超过总表用水量、用电量 | |
| 9 | 查看水电费分割单是否后附房屋租赁合同，供水、供电部门的水电费发票复印件 | 如缺少附件，应让报销人补齐附件后，再予以报销 |
| 10 | 是否有抄表单 | 如没有，应让报销人补齐附件后，再予以报销 |

出纳根据审核无误的单据进行现金付款，付款后应编写以下会计分录。

借：管理费用——电费　　230.60

贷：库存现金　　　　　　230.60

凭证附件为费用报销单、发票。

## 10.2.6　工资的报销审核要点

出纳在发放工资时，绩效奖金、业绩提成等个人工资性支出，通常通过银行支付，但有时候也需要使用现金支付，例如临时工的工资，有时就使用现金支付。

【例 10-7】

吾颜服装公司因部分员工回家过年，2022 年 1 月 24 日至 1 月 29 日临时聘用5 人承担服装包装的工作，2022 年 1 月 29 日人力资源经理包珊编制好临时工工资表（见表 10-16），金额合计 3 000.00 元，已取得单位相关人员的审批，向出纳申请付款。

### 表 10-16　临时工工资表

编制日期：2022 年 1 月 29 日

| 序号 | 姓名 | 标准（元 / 天） | 工作天数 | 应发数（元） | 实发数（元） | 领取人签字 |
|---|---|---|---|---|---|---|
| 1 | 王燕 | 100 | 6 | 600 | 600 | |
| 2 | 宋静 | 100 | 6 | 600 | 600 | |
| 3 | 陈艳 | 100 | 6 | 600 | 600 | |
| 4 | 隋娜 | 100 | 6 | 600 | 600 | |
| 5 | 齐敏 | 100 | 6 | 600 | 600 | |
| 合计 | | | | 3 000 | 3 000 | |

单位领导审批：卢芳　部门负责人审核：丁小燕　财务负责人复核：江超　制表人：包珊

出纳可参考表 10-17 所示的内容审核接收到的单据。

### 表 10-17　工资报销审核要点

| 序号 | 审核内容 | 解决办法 |
|---|---|---|
| 1 | 经办人、审批人签字是否齐全 | 如不齐全，需让制表人补足签字 |
| 2 | 是否按照报销流程进行审核 | 如未按照流程审核，需让制表人执行完整的审批流程 |
| 3 | 工资天数是否与考勤天数一致 | 如存在不一致或不符合，需让制表人落实并写明原因 |
| 4 | 工资发放标准是否符合单位规章制度 | |

| 序号 | 审核内容 | 解决办法 |
|---|---|---|
| 5 | 人员是否有违规扣款，应扣而未扣的情况 | 如存在不一致，需落实原因，如果应扣而未扣，制表人应重新制表及执行审批流程 |
| 6 | 是否有遗漏人员 | 如果存在遗漏人员，制表人应重新制表及执行审批流程 |
| 7 | 是否应发工资低于最低工资标准 | 如存在该类情况，需让制表人落实并写明原因；如核算有误，制表人应重新执行审批流程 |
| 8 | 社保、住房公积金、个税计算是否准确 | 如核算有误，需让制表人重新制表，并重新执行审批流程 |

出纳根据审核无误的单据进行现金付款，付款后应编写以下会计分录。

借：应付职工薪酬——临时工工资 3 000.00

　　贷：库存现金 3 000.00

凭证附件为工资单（需领用人签字）、考勤表等。

## 10.2.7　办公用品费的报销审核要点

办公用品是每个单位都需要使用和购买的。常见的办公用品有文件夹、本子、纸、笔、计算器、胶水、收据、印油等，单位员工在报销办公用品费时，可利用费用报销单来分类整理原始单据。

【例 10-8】

2022 年 1 月 13 日，海顺鱼竿公司的采购人员购买十箱 A4 打印纸，价税合计 2 400.00 元，已取得增值税普通发票，采购人员填制好费用报销单，并经过了相关人员的审批，向出纳申请付款。

出纳可参考表 10-18 所示的内容审核接收到的单据。

### 表 10-18　办公用品费报销审核要点

| 序号 | 审核内容 | 解决办法 |
|---|---|---|
| 1 | 是否有入库单、验收证明、领用证明 | 如果缺少资料，需让报销人补足 |
| 2 | 发票上是否写明采购明细，定额发票是否后附购货清单或小票 | 如未写全或缺少资料，需让报销人补足 |
| 3 | 项目、单价、金额是否正确 | 如不正确，需让报销人更正，并重新执行审批流程 |
| 4 | 是否按照报销流程进行审批 | 如未按照报销流程审批，需让报销人执行完整的审批流程 |

| 序号 | 审核内容 | 解决办法 |
| --- | --- | --- |
| 5 | 经办人、审批人签字是否齐全 | 如不齐全，需让报销人补足签字 |
| 6 | 发票开具日期是否与采购办公用品日期相符 | 如不相符，需让报销人写明理由，向有关领导汇报后，确定是否付款 |

出纳根据审核无误的单据进行付款，付款后应编写以下会计分录。

借：管理费用——办公用品费　　2 400.00

贷：银行存款　　　　　　　　　2 400.00

凭证附件为购买办公用品的发票、入库单、银行回单。

## 10.3　不符合付款规则如何处理

每个单位都有自己的付款流程和审核规则，在实际执行中，有时会出现一些让出纳为难的付款情况。本节将重点介绍出纳应对这些情况的办法。

### 10.3.1　付款不按流程走怎么办

"你赶紧付款，要是对方收不到款，材料不按时发过来，影响了生产进度，你能负责吗？"

"领导在外面开会，没法签字，你先付款，等领导回来，我肯定给你补上。"

"我马上要赶飞机了，你先把我借的差旅费给我吧，等我出差回来，一定把字都签好。"

"这个会议费发票，我去问了好几遍了，酒店就是不给开具会议证明，就这么报了吧。"

"我们风里来，雨里去，那个地方根本没有发票，你让我上哪儿找发票？"

"住宿费超标？不能报销？我出差的时候正好是旅游旺季，你看看还能找到更便宜的酒店吗？你有能耐，以后你给我订酒店！"

在付款过程中，出纳由于认真负责，有时会被嫌弃事多、喜欢刁难人、古板、不知道变通，出纳也很委屈。但严格按照国家财政法规和单位的规章制度工作是出纳的基本职业操守，是出纳履行监督、管理职责的重要途径，是出纳保护单位财产安全的有效方法。

出纳的认真负责是值得肯定的。如果出纳不严格把关，随意报销不规范的单据，那么由此引起的税收、假报销等问题，会导致单位财产损失。作为经手人的出纳不但需要承担相应责任，其职业生涯的发展甚至可能受到影响。

在坚持原则和提供服务的双重要求下，出纳仍然可以很好地解决这些问题。在和报销人发生争议的时候，出纳一定不要当面争得脸红脖子粗，要平静下来，拒绝办理不合规的业务。但不能冷冰冰地拒绝，要告诉对方拒绝的原因、这样做的后果、解决的办法等。这样不但能体现出出纳的诚意，而且能引导报销人了解财务基本常识。下面的一些解决方法，希望能给出纳提供一些解决问题的思路。

首先，出纳的工作包括为报销人提供服务。因此，出纳时刻保持微笑是较为重要的，毕竟"伸手不打笑脸人"。

其次，出纳需要了解不符合报销要求的原因，不能以一句"不能报销"将人拒之门外。尤其是大多数报销人的财务知识有限，出纳使用过于专业的语言很难让对方理解。有时候事出紧急，而具有审批权限的领导因为外出等原因，无法进行审批；有时候票据问题并非报销人导致的。针对不同的原因，出纳要采取不同的沟通和应对措施，详见表 10-19。

#### 表 10-19　报销应对措施

| 序号 | 不符合报销要求的情形 | 解决办法 | | |
|---|---|---|---|---|
| | | 初级 | 中级 | 高级 |
| 1 | 单据粘贴不合规 | 态度温和地告诉对方如何分类粘贴单据；在财务室张贴票据粘贴方法；告诉对方不能借助订书机、回形针、大头针等工具来固定单据 | 在粘贴单背面，印制单据如何分类、如何粘贴等方法 | 录制单据分类粘贴小视频，发送给每个人；单位定期组织报销培训 |
| 2 | 不合规单据 | 诚恳地告诉对方，单位制度规定这类不合规的单据不能报销 | 在粘贴单背面印制发票辨别技巧及需要提供的附件等；让对方请教其他同事是否有解决办法 | 当着报销人的面，向其他财务人员请教是否有解决办法或建议，如果没有，告诉报销人"会向其他人咨询，如果有解决方案，会第一时间告诉他"；单位定期组织报销培训 |

| 序号 | 不符合报销要求的情形 | 解决办法 | | |
|---|---|---|---|---|
| | | 初级 | 中级 | 高级 |
| 3 | 审批流程未执行到位 | 诚恳地告诉对方应按单位制度和规定进行审批，审批结束后，立即安排款项 | 在粘贴单背面印制报销审批流程等；单位定期组织报销培训 | 出纳判断出付款的紧急性和重要性后，当着报销人的面，电话联系有审批权限的相关领导，说明情况并申请先付款，并通过微信、QQ、短信等至少两种方式留下审批的依据、痕迹，并将截图保留下来。出纳把这些工作做到位后，再进行付款，领导回来当天，出纳必须执行完整的审批流程 |

## 10.3.2　如何防范付款诈骗

【例10-9】

仁昊房地产公司的出纳小戚收到单位负责人的邮件，要求小戚马上将货款400 000.00元汇到指定账户。汇完款后，小戚打电话告诉单位负责人已汇款，单位负责人说他没有让小戚汇款，小戚这才意识到自己被骗了。

出纳管理着很多资金，一旦上当受骗，就可能损失几十万元、几百万元，甚至上千万元。所以出纳在遇到领导通过社交平台或者电话要求付款时，能当面确认就当面确认。如果不能及时联系到领导，就联系相关人员核实是否属实。和付款有关的事从来都不是小事，出纳应该多确认。

现在有些诈骗分子，通过一些渠道获取单位人员信息，将社交平台的头像、昵称修改得与单位领导、税务人员一致，然后精准锁定出纳，以达到编造事由、诱导转账的目的。

这些诈骗分子常用的理由是："谈成某某业务，需要紧急给客户转账以支付项目款、合同保证金""配合办理税务稽查""对公账户年审""身份信息被他人冒用或泄露""银行账户涉嫌洗钱"等。

诈骗分子冒充领导、税务人员等，充分利用心理战术，用关心下属工作的口吻，拉近距离，使得出纳放松戒备。同时利用领导、税务人员的身份，不断催促出纳办理转账并且措辞严厉或者加以恐吓，以此来降低出纳核实转账指令真假的可能性。

那么出纳如何防范诈骗呢? 表 10-20 提供了一些防骗方法, 出纳在日常工作中可以参考。

表 10-20 防骗方法

| 序号 | 内容 | 操作方式 |
|---|---|---|
| 1 | 提升风险防范意识和能力 | 如果遇到社交平台上有人声称是领导、熟人, 要求添加好友, 尽量不添加陌生人, 如果需要添加, 不能仅凭头像或者名字确认身份, 应打电话或者当面核实 |
| | | 如果被拉进陌生的 QQ 群、微信群, 要有危险防范意识, 不要泄露个人及单位信息 |
| | | 如果遇到 QQ (群)、微信 (群)、邮件、短信中要求紧急汇款, 不要轻信社交平台的汇款指令, 打电话或者当面核实, 同时汇款需要进行签字审批 |
| | | 如果领导在电话中要求紧急汇款, 不轻信电话中的汇款指令, 当面核实或找相关知情者核实, 同时汇款需要进行签字审批 |
| | | 如果谎称是客户, 账户不能使用, 要求出纳把款汇到新的账户, 不轻信电话中的汇款指令, 给领导打电话或当面核实, 同时汇款需要进行签字审批 |
| 2 | 培养信息安全习惯 | 定期对计算机和手机进行杀毒 |
| | | 定期更换计算机密码 |
| | | 安装计算机防毒软件 |
| | | 不通过计算机、手机打开陌生链接、网页 |
| | | 不通过计算机、手机下载陌生软件 |
| | | 单位负责人在日常工作中如需付款, 尽量不使用 QQ、微信等社交平台下达指令, 尽量通过单位内部办公软件或者当面告知并填写支款单 |
| | | 不要随意打开要求付款的邮件或文件, 谨防暗藏病毒 |
| 3 | 加强单位内部控制 | 网银操作员和审核员应由不同人员担任 |
| | | 单位内部应加强防诈骗宣传教育 |
| | | 严防内部通讯录等敏感资料外泄, 在网上公布信息时, 尽量不公开单位负责人、财务人员等人的电话、邮箱等信息 |
| | | 完善财务制度, 规范财务行为, 为单位财产安全装上制度的"防火墙" |
| | | 财务人员应加强遵守财务规章制度及审批流程的意识 |
| 4 | 拨打电话求助 | 96110 是反电信网络诈骗专用号码, 专门用于对群众的预警劝阻和防范宣传等。出纳在遇到可疑情况时, 可立即拨打 96110 或者 110 咨询或者举报, 同时保留聊天记录和银行账户信息 |

# 第十一章 如何使用现金与网银付款

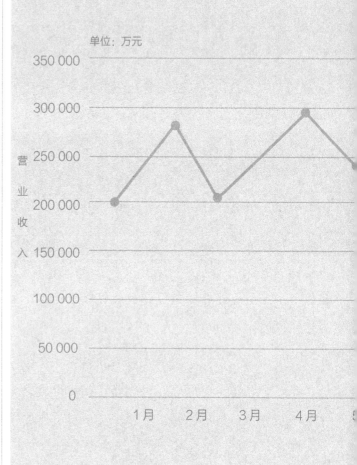

单位：万元

营业收入

350 000

300 000

250 000

200 000

150 000

100 000

50 000

0

1月　2月　3月　4月　5

月　　7月　　8月　　9月　　10月　　11月　　12月

间

现金和网银付款，是单位经常会用到的两种付款方式。本章主要介绍如何使用现金和银行存款进行付款。

# 11.1　现金付款的基本操作

本节所说的现金是指单纯会计意义上的现金，即看得见、摸得着，可以存放在单位保险柜或保险库中，或由单位出纳保管的人民币和各种外币。

使用现金付款的前提是，所有付款都应经过审批程序。另外，使用现金付款是有一定限制的，并非所有款项均可以使用现金支付。

## 11.1.1　哪些款项可使用现金支付

现金是企业流动性最强的资产，携带方便。由于现金具有不记名的特点，完全以存放的位置来间接表达其所有权的归属。因此，现金是非常容易丢失和涉及舞弊的资产。

比如，放在出纳抽屉里的一张人民币，就很难说清楚这是出纳个人的现金还是单位的现金。因此，出纳在管理现金时，不应将自己的钱与单位的钱混同存放。而在现金支付中，为了防止发生舞弊，让资金的流动有据可查，一些单位拒绝使用现金支付。

但是，在支付额度过低、银行转款不方便的情况下，现金支付还是非常便捷和必要的。国务院颁布的《现金管理暂行条例》中规定了现金支付的范围，单位也可以根据自身管理需要，进一步缩小现金支付的范围。《现金管理暂行条例》中规定，单位可以在下列范围内使用现金。

（一）职工工资、津贴；

（二）个人劳务报酬；

（三）根据国家规定颁发给个人的科学技术、文化艺术、体育等各种奖金；

（四）各种劳保、福利费用以及国家规定的对个人的其他支出；

（五）向个人收购农副产品和其他物资的价款；

（六）出差人员必须随身携带的差旅费；

（七）结算起点以下的零星支出；

（八）中国人民银行确定需要支付现金的其他支出。

前款结算起点定为 1 000 元。结算起点的调整，由中国人民银行确定，报国务院备案。

除第（五）、（六）项外，开户单位支付给个人的款项，超过使用现金限额的部分，应当以支票或者银行本票支付；确需全额支付现金的，经开户银行审核后，予以支付现金。

## 11.1.2 如何从银行账户提取现金

当出纳发现保管的库存现金低于库存限额时，应向主管领导请示是否需要提取现金以补足库存现金数额。经主管领导审批同意后，出纳即可填制现金支票进行现金提款。

**【例 11-1】**

2022 年 1 月 13 日，北京宗诚恭制造有限公司的出纳刘泉需要去银行提取现金 20 000.00 元作为公司的备用金。

刘泉该如何操作呢？

第一步，刘泉应在支票领用登记簿上登记支票信息同时签名，经相关人员审批后，方可使用支票。支票领用登记簿填写信息如表 11-1 所示。

**表 11-1 支票领用登记簿填写信息**

| 日期 | 支票类别 | 支票号码 | 收款单位 | 金额（元） | 用途 | 领用人 | 审批人 |
|---|---|---|---|---|---|---|---|
| 2022-1-13 | 现金支票 | ZX562563525 | 北京宗诚恭制造有限公司 | 20 000.00 | 备用金 | 刘泉 | 司绘 |

第二步，刘泉在填写现金支票的正面时，参照第 6 章支票的填制方式填写。填写后的现金支票正面如图 11-1 所示。

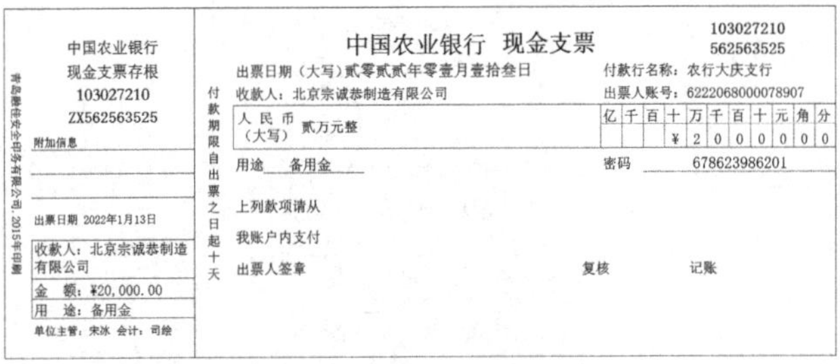
中国农业银行
现金支票存根
103027210
ZX562563525
附加信息
出票日期 2022年1月13日
收款人：北京宗诚恭制造有限公司
金　额：¥20,000.00
用　途：备用金
单位主管：宋冰 会计：司绘

中国农业银行 现金支票
103027210
562563525
出票日期（大写）贰零贰贰年零壹月壹拾叁日 付款行名称：农行大庆支行
收款人：北京宗诚恭制造有限公司 出票人账号：6222068000078907
付款期限自出票之日起十天

| 人民币（大写） | 亿 | 千 | 百 | 十 | 万 | 千 | 百 | 十 | 元 | 角 | 分 |
|---|---|---|---|---|---|---|---|---|---|---|---|
| 贰万元整 | | | | ¥ | 2 | 0 | 0 | 0 | 0 | 0 | 0 |

用途 备用金 密码 678623986201
上列款项请从
我账户内支付
出票人签章 复核 记账

**图 11-1 现金支票正面（一）**

第三步，刘泉填写现金支票背面的身份证号码。填制原则是谁去银行取现，就填谁的身份证号码。去银行提取现金时，还需要带上本人身份证原件。

因为是刘泉去银行提取现金，所以建议先在现金支票背面填好刘泉的证件信息，再申请加盖在银行预留的财务专用章和法定代表人章。填好并盖章后的现金支票正面、背面分别如图 11-2 和图 11-3 所示。

**图 11-2　现金支票正面（二）**

**图 11-3　现金支票背面**

第四步，刘泉用剪刀把现金支票存根（见图 11-4）剪下来，用于填制付款记账凭证，并作为记账凭证的附件一同保存。会计分录如下。

借：库存现金　　　　　　　　20 000.00

　　贷：银行存款——农行　　　　20 000.00

**图 11-4　现金支票存根**

第五步，刘泉带着本人身份证原件和现金支票（见图 11-5），去开户银行对公柜台办理提取现金业务。刘泉需要当场清点现金数额是否准确、纸币是否完好、是否无假币等，确认好后，再离开银行。

**图 11-5　现金支票**

第六步，刘泉回到单位后，把现金放入保险柜。

出纳在去银行提取现金时，为了保证现金的安全性，需要注意以下事项。

（1）如果能开车就申请开车去银行，如果条件允许，可以找单位同事陪同。

（2）放置现金的包，应选质地坚硬的，以防止包被割破。

（3）走大路，不走人少的小路。

## 11.1.3　如何防止现金付款时出错

现金付款一旦出错，则比较难查清，追回的难度也比较大。所以，出纳为了防止在现金付款时出错，一定要做到收付两清、唱收唱付。

### 1. 收付两清

出纳在接收和交出款项时，交付双方应当面清点款项并签名。接收到款项的一方，应填制收款凭证；交出款项的一方，应向接收方索取付款凭证。这个过程就是收付两清。

接收方填制收款凭证，应至少一式两联，凭证的内容应包括：收款的日期、原因、金额、双方经办人签名、财务专用章。有些日常行为，不需要双方签字，以凭证和款项交换完毕为准，例如购买门票、飞机票等。

出纳在收付款时，要注意一笔一清，未完成一笔业务时，不要急于办理其他业务。因为如果多笔业务同时进行，出纳的注意力会被分散，可能会因收付款混淆而出错、引发纠纷。

出纳在日常收付结算工作中，无论多忙、金额多大、来办理业务的人是谁，都要对收到和付出的现金进行复核。必要时可请同事帮忙复核，要力争做到收付款无差错。对于来财务部交款的人员，可以先询问交款金额，然后当面清点，如果金额不一致，立刻退给交款人，让其当面清点，最终双方确定金额；对于来财务部领款的人员，出纳取出现金后，应告知领款人金额，并督促其当面清点，如果有差错应当面解决，以保证收付两清。

### 2. 唱收唱付

唱收唱付中的"唱"，是当面说出来的意思，并不是唱歌。

**【例 11-2】**

在超市、商场等公共场所消费结账时，收银员往往会说："女士／先生，您好，您一共消费 × 元。"如果收银员收到人民币，会快速辨识人民币，然后很有礼貌地说："女士／先生，您好，收您 × 元。"如果收到的钱多于账单金额，收银员会找零给消费者，同时说："女士／先生，您好，这是给您找零的 × 元……。"

收银员在这个过程中，把账单、收到的人民币金额、找零的人民币金额，当着消费者的面说出来，这就是唱收唱付。

唱收唱付有以下好处。

首先，对于收款方来说，由于收款的金额、找零的金额，能够时时得到付款方的确认，有利于收款方集中注意力、降低出错率、提高服务满意度。

其次，对于付款方来说，由于收款方当面讲出应收金额、已收金额、多付或者少付的金额，付款方能够及时核对，避免矛盾的产生。

最后，整个交易过程清晰明了，提高了收付款工作效率及正确率，同时有利于划清经济责任，减少经济纠纷。

## 11.2　网上银行的基本操作

相较于现金结算需要面对面交易、需要去银行提取现金、携带不方便等，网上银行结算节省了交易时间，同时降低了付款差错率。网上银行结算还大大提高了资产的安全性，其便捷性、快速性使其得到广泛应用。

## 11.2.1　如何开通以及设置网银

USBKey，有的银行称为"U 盾""K 宝""优 Key"等，其外形酷似 U 盘，存储着用户的私钥以及数字证书，保证了用户认证的安全性，同时在用户办理网上银行结算时，保护着用户银行账户的资金安全。不同银行的 USBKey 并不通用，所以在哪个银行开户就需要办理哪个银行的 USBKey。

单位在去银行办理开户时，通常会一并开通网上银行结算业务，此时银行一般会默认给单位两个 USBKey，有的银行会默认给一个，这些 USBKey 需要用不同人的身份证原件来登记。单位也可以根据自身情况购买多个 USBKey，一般银行对此并没有售出的数量限制，单位可以根据账户存款金额等因素来决定具体购买数量。

如果单位同一账户拥有三个 USBKey，可参照表 11-2 来分配权限。

### 表 11-2　USBKey 权限分配

| 序号 | USBKey 角色 | 权限分配 | 人员安排设置 | 备注 |
|---|---|---|---|---|
| 1 | 操作员 | 输入信息，制单 | 出纳 | |
| 2 | 审核员 | 审核 | 普通会计（非出纳） | 如果企业选择使用两个 USBKey，则可以不设置审核员 |
| 3 | 管理员 | 所有权限 | 会计主管 | |

有些单位的出纳由单位相关人员的家属等担任，在这种情况下，USBKey 权限也应当分开。因为，虽然聘用的这些人都是信任度比较高的人，但是在办理网银业务时，有第二个人来复核，有利于降低汇款信息的出错率，避免有人挪用公款、侵占单位资金，同时可以起到制衡的效果，最终达到保护单位银行账户资金安全的目的。

在【例 10-9】中，出纳小戚被骗了 400 000.00 元，不难推测出小戚有该单位的 USBKey 的所有权限。所以在小戚接到诈骗电话后，钱款直接付给了诈骗分子。

因此，USBKey 权限需要分人设置，相关人员要保护好自己的密码和 USBKey，不能告知或移交给他人。这样一方面是为了保护单位财产安全，另一方面是为了保证 USBKey 保管人履行好职责。如果只设置一个 USBKey 角色或者所有权限和密码都被同一个人知道，那么此人就有了挪用公款的机会。如果单位的复核审核力度不大，单位银行账户的款项被私自转走的情况一旦发生，就很难被发现。这种情况下，如果单位银行账户资金数额很大，给单位带来的损失就会很大。

## 11.2.2 如何通过网银进行付款

不同的银行的网银支付方式不同，但一通百通。这里以中国工商银行的企业网银为例，来说明企业网银的使用。

第一步，登录中国工商银行官方网站。登录前认真辨别网址是否为官方网址，不要登录非官方网址。

第二步，单击"企业网上银行登录"（见图11-6），会自动跳转到企业网银界面（见图11-7）。

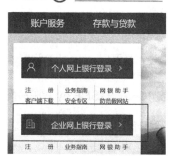

**图 11-6 中国工商银行企业网上银行登录界面**

**图 11-7 中国工商银行企业网银界面**

第三步，根据自身情况，选择企业网银普及版或企业网银证书版方式，登录网上银行。

企业网银普及版用户，选择"企业网银普及版"，输入卡号/用户名/关系账号、密码、验证码登录。

企业网银证书版用户，插入企业网上银行证书，也就是 USBKey，选择"U盾登录"，根据提示选择证书和输入密码登录。

## 11.2.3　如何处理网银款项退回

出纳在办理网上银行汇款时，虽然一般情况下会有人员复核汇款信息，但是出纳还是应该秉持认真负责的态度，录入完汇款信息后，仔细核查，避免出错。

有一种付款失败的情况是余额不足导致的。出纳在网银上提交了汇款信息后，发现款项并未支付出去，原因是账面余额不足。之后出纳可向该银行账户转入充足的款项，但要注意的是银行系统并不会因款项到位，而将前次未付款的款项自动付出，出纳需要重新提交汇款信息。所以出纳在汇款前，务必要确认银行存款余额，尤其是在连续付款的情况下，要逐笔确认银行存款余额，以免汇款失败。

但是在实际工作中，有时候还是会遇到款项被退回的情况。出纳遇到这种情况时不要慌张，查看款项被退回的原因，如果属于对方户名及账号输入错误，则与汇款信息核对，向会计主管汇报这一情况后，重新录入信息办理汇款业务。如果录入网银的信息与申请汇款信息一致，向会计主管汇报并联系汇款申请人落实汇款信息后，再重新汇款。

【例 11-3】

2022 年 2 月 22 日，海顺鱼竿公司出纳通过网上银行支付的方式，向友好加油站购买了 5 000.00 元的加油卡。2022 年 2 月 23 日，该款项被退回，经落实是因为收款人银行账号输入错误，出纳落实正确的银行账号后，向会计主管说明情况后重新汇款。

出纳应编制以下会计分录。

（1）付款时的会计分录。

借：预付账款——友好加油站　　　　5 000.00

　　贷：银行存款　　　　　　　　　　　　5 000.00

（2）款项被退回时的会计分录。

借：预付账款——友好加油站　　　　-5 000.00

　　贷：银行存款　　　　　　　　　　　　-5 000.00

（3）重新汇款的会计分录。

借：预付账款——友好加油站　　　　5 000.00

　　贷：银行存款　　　　　　　　　　　　5 000.00

## 11.2.4 网银其他常见操作事项

网银付款是企业间支付款项最为常见的操作，在使用过程中，还要关注银企对账、密码使用、USBKey 的更新以及退出使用等问题。

### 1. 银企对账

企业和银行对账，是指企业核对银行生成的银行余额对账单是否与银行账户余额一致。对账方式可以选择邮寄对账单，也可以选择网上对账。由于通过网上对账可以节省时间，不但给予企业会计更多自主性和便利性，而且也有利于防止个人舞弊行为的发生，所以企业可以尽量选择网上对账的方式。

不同银行对银企对账期限的要求不同，常见的是按季度对账。当银行生成银行余额对账单后，企业应当在规定天数内完成对账，如果超过一定期限未返回对账信息，企业往往被默认认可账户余额。在实务操作中，如果企业长期不对账，有些银行的工作人员会打电话提醒企业人员对账。

银行生成银行余额对账单时，网银系统里会出现对账提示，网银操作员经核对余额一致，单击"确定对账"。

有的企业银行账户有多个 USBKey，需要完成每个 USBKey 的对账，有的银行规定只完成其中一个对账即可，所以出纳应向银行工作人员问清楚再进行操作，以免遗漏。

### 2. 密码问题

出纳或者其他操作人员连续多次输错密码会导致 USBKey 被锁定，有些银行每间隔 24 小时都可以尝试重新输入，如果输入正确就可以解锁。如遇特殊情况无法解锁，需要联系开户银行以确定是否需要去银行柜台办理解锁业务，以及办理该业务需要提供什么资料。

为了避免 USBKey 被锁定，出纳在输入密码前，应确认键盘大小写键是否切换、客户证书是否选择正确等。

### 3.USBKey 的更新以及退出使用

USBKey 是有服务期的，在服务期快结束的时候，网上银行系统往往会提示用户进行更新，这时用户可以在该系统中通过更新证书，来延长证书的服务期。

USBKey 使用完毕后，一定要单击"安全退出"，然后拔出 USBKey，妥善保管，以免丢失或者被别有用心的人拿走，导致企业财产发生损失。

# 第 12 章

# 使用其他方式付款该注意些什么

单位: 万元

营业收入

350 000

300 000

250 000

200 000

150 000

100 000

50 000

0

1月  2月  3月  4月  5

7 月　　8 月　　9 月　　10 月　　11 月　　12 月

间

企业除了使用现金、银行转账等支付方式以外，还会使用票据及微信等支付方式进行结算。本章将重点介绍在使用票据和微信、支付宝等支付方式进行结算时，需要注意的事项。

# 12.1 如何使用其他方式付款

为了准确付款，出纳人员还应了解同城和异地结算分别可以使用哪些支付方式。表 12-1 列举了常见的同城和异地结算适用的方式。

表 12-1 常见的同城和异地结算适用的方式

| 序号 | 结算方式 | 支付方式 |
| --- | --- | --- |
| 1 | 同城、异地 | 汇兑、支票、银行汇票、商业汇票、委托收款、银行卡 |
| 2 | 异地 | 托收承付 |
| 3 | 同城 | 银行本票 |

## 12.1.1 如何使用支票进行付款

在 6.1 节，介绍了支票的办理流程，本小节主要内容为如何使用支票进行经济业务往来款项的结算。

【例 12-1】

海顺鱼竿公司是增值税一般纳税人，拟于 2022 年 4 月底向友好加油站购买 20 000.00 元的汽油。

经海顺鱼竿公司领导批准，2022 年 4 月 22 日出纳人员向采购人员签发了 20 000.00 元的支票。

（1）出纳人员在签发支票后，要重点检查表 12-2 所列的事项。

表 12-2 签发支票后需要检查的事项

| 序号 | 事项 | 说明 |
| --- | --- | --- |
| 1 | 支票金额 | 支票金额和收款人名称一样，可以由出票人授权补记 |
| 2 | 付款人名称 | 指出票人的开户银行 |

续表

| 序号 | 事项 | 说明 |
| --- | --- | --- |
| 3 | 出票日期 | 确定出票日期是否正确 |
| 4 | 出票人签章 | 需要使用银行预留印鉴 |
| 5 | 支付密码 | 如果有支付密码，则需要填上 |
| 6 | 银行存款账户余额 | 支票的提示付款期内，应保证银行存款足以支付支票金额 |

（2）采购人员在支票领用登记簿上签名，领取支票。

（3）出纳人员根据支票存根联，编制以下会计分录，并据此登记银行存款日记账。

借：其他应收款——友好加油站　20 000.00

　　贷：银行存款　　　　　　　　　20 000.00

附件为支票存根联。

（4）2022 年 4 月 29 日，出纳人员核对银行存款余额时，发现该支票款项尚未从银行账户划走。

（5）2022 年 5 月 6 日，出纳人员在核对银行存款余额时，发现该支票款项仍未从银行账户划走，由于 2022 年 5 月 5 日是该支票提示付款期的最后一天，所以该支票过了提示付款期，出纳人员需联系采购人员收回支票，将其与对应的支票存根联放在一起，加盖或写上"作废"字样后保存，做以下会计分录，并登记银行存款日记账。

借：其他应收款——友好加油站　　　–20 000.00

　　贷：银行存款　　　　　　　　　　　–20 000.00

（6）如需要重新开具支票，开具流程及会计分录同上。

## 12.1.2　如何使用银行汇票付款

6.2.4 小节介绍了银行汇票的办理流程，本小节主要内容为如何使用银行汇票进行经济业务往来款项的结算。

【例 12-2】

海顺鱼竿公司是增值税一般纳税人，拟于 2022 年 4 月底采购一批原材料。由于尚不能确定准确的结算款项，经公司领导批准，2022 年 4 月 20 日出纳人员向银行交存了 50 000.00 元，办理了面额为 50 000.00 元的银行汇票。

（1）出纳人员根据取得的银行汇票申请书存根联，编制以下会计分录，并据此登记银行存款日记账和票据管理登记簿。

  借：其他货币资金——银行汇票     50 000.00

    贷：银行存款          50 000.00

  附件为银行提供的银行汇票申请书的回单。

  （2）2022年4月25日，海顺鱼竿公司的业务人员经公司相关领导授权，领取了该银行汇票及解讫通知。

  （3）2022年4月28日，海顺鱼竿公司采购的原材料办理了验收入库，取得的增值税专用发票上注明的价款是40 000.00元，增值税税额是5 200.00元，业务人员已使用银行汇票办理了结算。由于实际结算金额小于出票金额，出票行将多余款项4 800.00元退回海顺鱼竿公司的开户银行。

  出纳人员从开户银行取得了银行汇票多余款项收账通知，据此编制以下会计分录，并登记银行存款日记账和票据管理登记簿。

  用银行汇票支付原材料的价款和相关的增值税税额，会计分录如下。

  借：原材料            40 000.00

    应交税费——应交增值税（进项税额） 5 200.00

    贷：其他货币资金——银行汇票     45 200.00

  收到银行退回的银行汇票多余款项，会计分录如下。

  借：银行存款           4 800.00

    贷：其他货币资金——银行汇票     4 800.00

## 12.1.3 如何使用银行本票付款

  在6.3.1小节，介绍了银行本票的办理流程，本小节主要内容为如何使用银行本票进行经济业务往来款项的结算。

【例12-3】

  豪久莱商场是增值税一般纳税人，拟于2022年5月底向海顺鱼竿公司采购一批鱼竿，双方约定以银行本票的方式进行结算，且见票发货。

  经豪久莱商场公司领导批准，2022年5月24日出纳人员去开户银行填写了银行本票申请书，向银行交存了56 500.00元，办理了面额为56 500.00元的银行本票。

  （1）出纳人员根据取得的银行本票申请书存根联，编制以下会计分录，并据此登记银行存款日记账和票据管理登记簿。

借：其他货币资金——银行本票　　　　56 500.00

　　贷：银行存款　　　　　　　　　　　　56 500.00

附件为银行提供的银行本票申请书的回单。

（2）2022 年 5 月 25 日，豪久莱商场的采购人员，经公司相关领导的授权，领取了该银行本票。

（3）2022 年 5 月 30 日，豪久莱商场为采购的鱼竿办理了验收入库，取得的增值税专用发票上注明的价款是 50 000.00 元，增值税税额是 6 500.00 元，采购人员已使用银行本票办理了结算。出纳人员应编制的会计分录如下。

借：原材料　　　　　　　　　　　　50 000.00

　　应交税费——应交增值税（进项税额）　6 500.00

　　贷：其他货币资金——银行本票　　　　56 500.00

【例 12-4】

豪久莱商场开具一张票面金额为 10 000.00 元的银行本票用于采购办公用品，后来由于该银行本票超过了提示付款期，豪久莱商场向银行申请退款。

出纳人员将银行本票以及公司出具的证明提交到出票行，出票行受理后，将款项转入豪久莱商场的开户银行存款账户。出纳人员根据银行盖章退回的进账单，编制会计分录以及登记银行存款日记账，会计分录如下。

借：银行存款　　　　　　　　　　　10 000.00

　　贷：其他货币资金——银行本票　　　　10 000.00

## 12.2　如何处理付款过程中的"意外"

除前面所讲的支付方式之外，有些企业常用微信、支付宝等支付款项，那么这些支付方式有哪些风险呢？如果已经支付了，可以采取哪些措施降低风险呢？

### 12.2.1　票据背书不合规如何处理

票据持有人在票据背面或者粘单上记载有关事项并签章，将票据权利转让给他人或者授权他人执行，并将票据交付给他人，这个过程即为背书。按照背书的目的，背书可分为图 12-1 所示的种类。

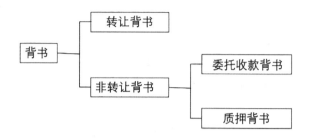

**图 12-1　背书的种类**

出纳需要了解哪些票据是不能进行背书转让的。常见的不能背书转让的票据如表 12-3 所示。

**表 12-3　常见的不能背书转让的票据**

| 序号 | 票据的情形 |
|---|---|
| 1 | 被拒绝承兑 |
| 2 | 被拒绝付款 |
| 3 | 超过付款提示期 |
| 4 | 填明"现金"字样的银行汇票、银行本票和用于支取现金的支票 |
| 5 | 未填写实际结算金额的银行汇票 |
| 6 | 实际结算金额超过出票金额的银行汇票 |
| 7 | 支票出票人授权收款人补记支票的金额、收款人名称，但尚未补记的 |

在进行背书时，可参照下列流程。

（1）票据第一次背书转让时，应由票据上的收款人在票据背面的第一个背书栏记载内容，如图 12-2 所示。

①被背书人栏内，填写被背书人的全称。

如果背书人未记载被背书人名称即移交票据，持票人在被背书人栏填写自己的名称，与背书人填写具有相同的票据法律效力。

②背书人签章栏，加盖票据上记载的收款人的银行预留印鉴，并填明背书日期。

如果没有填写背书日期，则视为在票据到期日前背书。

**图12-2　票据背书转让示例**

（2）被背书人将票据转让给其后手，应在下一个背书人签章栏签章，填写日期，并在被背书人栏填写下一个被背书人的名称，如图12-3所示。

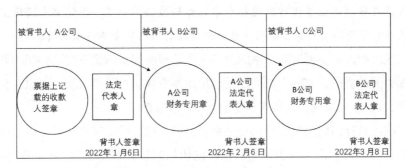

**图12-3　票据背书转让**

不同类型的背书，需要记载不同的字样及有不同的签章，如表12-4所示。

**表12-4　背书记载的字样及签章要求**

| 序号 | 背书种类 | 字样 | 签章 |
| --- | --- | --- | --- |
| 1 | 转让背书 | — | 被背书人和背书人 |
| 2 | 委托收款背书 | "委托收款" | 被背书人和背书人 |
| 3 | 质押背书 | "质押" | 质权人和出质人 |

如果票据不能满足背书人记载事项的需要，可以在票据上粘贴粘单，粘单上的第一记载人需要在票据和粘单的粘接处签章，如图12-4所示。

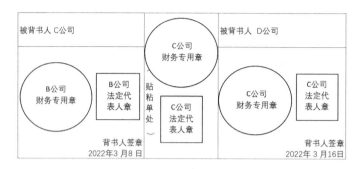

**图12-4　粘单的签章示例**

粘贴好的粘单如果仍然满足不了需要，背书人可以在粘单上粘贴粘单，并在两张粘单的粘接处签章。

**【例12-5】**

宗诚恭制造公司收到客户柏水半导体科技公司提供的一张纸质银行承兑汇票，出纳人员在审核这张票据时发现柏水半导体科技公司的前一手背书人清服五交化公司的签章不清晰，那么出纳人员该如何处理背书的签章不清晰的情况呢？

首先出纳人员需要询问经手的业务人员是否能提供清服五交化公司的联系电话，如果无法提供，出纳人员可以通过柏水半导体科技公司人员、清服五交化公司官网、114、天眼查、企查查、爱企查等途径来查询。

出纳人员查询到清服五交化公司财务部门的电话后，应告知对方背书的签章不清晰，需要他们出具情况说明。情况说明的内容可参照图12-5所示内容。

**情 况 说 明**

_____银行支行：

我单位收到银行承兑汇票一张，其具体要素如下。

票号：_____

出票日期：_____年_____月_____日

出票金额：人民币_____整（￥_____）

出票人全称：_____

出票人账号：_____

收款人全称：_____

收款人账号：_____

收款人开户银行：_____

汇票到期日：_____年_____月_____日

由于我单位工作人员疏忽，导致签章模糊，现已重新加盖，特此说明。

由此带来的经济纠纷和法律责任由我单位承担。

特此证明！

（此处加盖财务专用章、法定代表人章）

_____公司（公章）

_____年_____月_____日

**图 12-5　情况说明范本**

## 12.2.2　企业通过微信付款怎么办

如今，微信、支付宝等移动支付方式已经成为大家普遍使用的结算方式。有些企业在日常经营结算过程中，为了结算方便，会使用个人微信、支付宝账户进行结算。

企业使用个人微信、支付宝账户进行结算，会存在哪些风险？本小节以微信支付方式来举例说明可能存在的风险以及应对方式。

### 1. 企业层面的风险

（1）个人微信账户里的现金是如何取得的？是否通过非正规途径获取？例如，是否通过虚开发票获取现金？如果存在虚开发票的情形，那么企业和相关人员将面临很大的风险，情节严重、构成犯罪的，会被依法追究刑事责任。

（2）个人微信账户的资金是否在账面如实体现？如果该资金在账外循环，未登记在企业账上，那么企业账面所反映的资金就不真实，不能体现出企业的真实实力，企业在市场竞争中就可能处于劣势。

（3）企业进行融资时，投资方或者金融机构普遍会查看企业的银行流水，如果企业的大量资金交易通过个人微信账户进行，那么势必影响银行流水的数据，最终可能导致企业无法成功融资。

（4）企业经常性地使用个人微信账户进行结算，会导致业务交易资金流不清晰，不利于企业资金的统筹管理，可能产生舞弊风险。而且通过个人微信账户收款可能会将企业业务收款与个人消费收款混淆，无法区分资金的归属，一旦发生纠纷，企业很难证实微信账户中的资金是属于企业的财产，这就有可能导致企业资金流失。

### 2. 税收方面的风险

（1）增值税风险。

①由于增值税专用发票需要"三流"一致，因此使用微信支付就无法取得增值税专用发票，进而就不能获得进项抵扣，企业应缴纳的增值税税额会增加。

②用个人微信账户收取货款时，容易将企业业务记录与个人消费记录混同，从而导致收入无法记录完整、申报增值税时遗漏收入，进而引发偷漏税的风险。

（2）企业所得税风险。

①使用个人微信账户支付可能无法获取合规的企业所得税税前扣除凭证，导致多缴纳企业所得税。

②通过个人微信账户收款，可能存在漏记收入、隐瞒收入、少报收入的情况，产生涉税风险。

③通过个人微信账户发放员工工资，可能存在企业代为申报的员工工资比实际数额小的情况，从而减少企业相应的成本费用，导致企业需要多缴纳企业所得税。

### 3. 员工的风险

通过个人微信账户支付工资，企业在申报员工工资时，可能漏报或少报金额，如果员工不自己进行个人所得税汇算清缴，那么就可能存在漏缴个人所得税的情况。

### 4. 应对方式

（1）企业的结算业务，应使用对公账户，可以申请企业户头的移动支付账户，不要使用个人账户。

（2）对于已经使用个人微信账户支付的工资，应打印支付款截图，并让员工在工资单上签字；同时检查个人所得税申报系统是否存在少申报员工工资的情况，如存在，则更正申报，以后发放工资时，通过银行统一发放。

（3）对于已使用个人微信账户支付的货款，打印支付款截图或相关账单，粘贴在相应凭证后面。

（4）核实使用移动支付方式的收款是否已经做账，收入是否已如实申报纳税，如果有遗漏的情况，尽快更正申报，并进行税款的补缴。

# 第 13 章  如何编写记账凭证

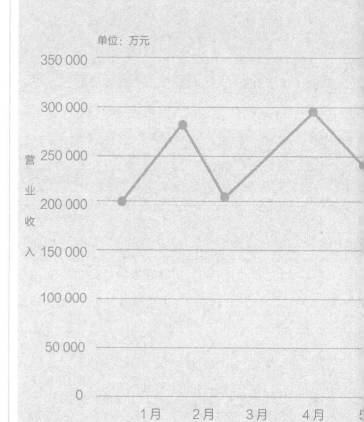

单位：万元

营业收入

7月　　　8月　　　9月　　　10月　　　11月　　　12月

间

如果说原始凭证或者原始凭证汇总表是业务的书面载体，那么记账凭证是将业务以会计语言和会计形式表达出来的书面载体。记账凭证是登记各类账簿的基础，其编制的真实性、准确性决定着企业会计信息的质量。

# 13.1 如何填制记账凭证

根据企业收付结算业务量大小，出纳人员编制的记账凭证可以按照现金和银行存款收入及支出，分为收款凭证、付款凭证，即专用记账凭证。有的企业又将记账凭证进一步细分为现金收款凭证、现金付款凭证、银行存款收款凭证、银行存款付款凭证。

## 13.1.1 填制记账凭证方法

为了保证凭证准确、完整地记录所发生的业务信息，同时为登记账簿提供清晰的数据来源，在编制记账凭证时，基本要求是：字迹清晰、使用阿拉伯数字进行登记。例如，图 13-1 及图 13-2 即为正确的填制示例。除此之外，填制记账凭证还有其他要求，如表 13-1 所示。

表 13-1　记账凭证的其他填制要求

| 序号 | 内容 | 填写方式 |
| --- | --- | --- |
| 1 | 凭证名称 | 1.如果使用的是专用记账凭证，那么在选择凭证时，以发生的是以现金还是银行存款收款或者付款的业务，来确定使用收款凭证还是付款凭证。例如以现金支付差旅费，则填制现金付款凭证；收到现金货款，则填制现金收款凭证<br>2.如果单笔凭证既涉及现金或者银行存款收入，又涉及银行存款或者现金支出，根据贷方科目使用相应的凭证，例如企业从银行提取现金，企业会计核算使用的是专用记账凭证，根据企业凭证细分情况，则应该选择使用银行存款付款凭证<br>3.同一年度内，记账凭证的格式尽量不要改变，以免发生凭证编号不连续、装订时遗漏凭证、账簿登记不准确等问题 |
| 2 | 凭证日期 | 填写编制凭证当天的日期，也可以根据管理需求，填写经济业务发生的日期或者月末日期 |

续表

| 序号 | 内容 | 填写方式 |
|---|---|---|
| 3 | 凭证编号 | 1. 每月从数字 1 开始按顺序编号，不能跳号、重号<br>2. 如果使用的是专用记账凭证，则按照凭证类别分别从 1 开始编号，例如"收款凭证 1 号""付款凭证 1 号""转账凭证 1 号""收款凭证 2 号""付款凭证 2 号""转账凭证 2 号"等<br>3. 如果使用的是通用记账凭证，则从 1 开始编号<br>4. 如果单笔业务涉及多个会计科目，需要使用多张凭证，则需要使用分数进行编号，例如第 8 笔经济业务，一共使用了 3 张凭证，则凭证编号分别为 8 1/3（8 号的第 1 张凭证），8 2/3（8 号的第 2 张凭证），8 3/3（8 号的第 3 张凭证） |
| 4 | 附单据数 | 附单据的要求，将在 13.1.2 小节进行说明 |
| 5 | 摘要 | 1. 根据所发生的经济业务概括清楚、简明扼要地写出来<br>2. 如果是调账，摘要的填写方式为调整某年某月某日某号凭证某笔经济业务 |
| 6 | 会计科目 | 会计科目应该按照统一的会计制度填写，不能随便编制或简化，或者以科目编号代替会计科目 |
| 7 | 金额 | 1. 根据凭证附件金额填写<br>2. 使用阿拉伯数字，字体大小约为格宽的二分之一<br>3. 分、角位如果是 0，也需要填写上 0 |
| 8 | 过账备注 | 账簿登记完毕，则在过账栏做好备注，例如标注"√"，以避免重复登账或漏登账 |
| 9 | 合计数 | 分别填写借方、贷方的合计数，并在合计数前面写上"¥" |
| 10 | 人员签章 | 会计主管、记账、复核、出纳、制单等有关人员签章 |
| 11 | 空行画线 | 在金额栏所填写的最后一行数字下面的空行处至合计数上的空行处画线注销 |

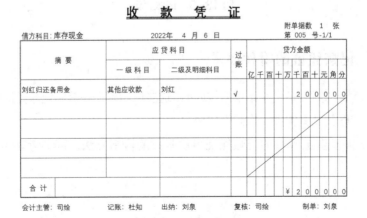

图 13-1　收款凭证

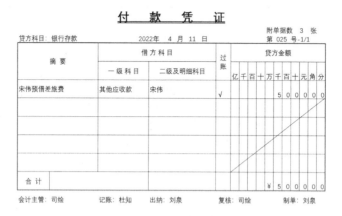

图 13-2　付款凭证

常见的通用记账凭证如图 13-3 所示。这种凭证集收款、付款、转账凭证于一体，可用于记录企业各种类型的经济业务，是格式统一的记账凭证。

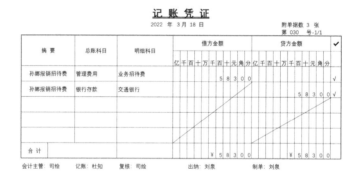

图 13-3　记账凭证

## 13.1.2　记账凭证的附件要求

记账凭证的附件是由原始单据构成的，这些原始单据是编制记账凭证的依据，也是审核记账凭证真实性、准确性的依据。

（1）涉及资金收付的记账凭证附件张数的填制方法，可参考表 13-2 所示的内容。

**表 13-2 记账凭证附件张数的填制方法**

| 序号 | 内容 | 附件张数填制方法 |
|---|---|---|
| 1 | 能全面反映单笔经济业务且没有经过汇总的原始凭证 | 按照原始凭证张数计算附件张数，例如一张记账凭证的附件为工资单及银行回单，则附件张数填 2 |
| 2 | 不能全面反映单笔经济业务，需要其他附件进行补充和说明的原始凭证 | 原始凭证上会登记补充说明的附件张数，因此填制附件张数时，只需要填写 1 |
| 3 | 通过自制封面进行业务汇总的原始凭证 | 每一张汇总表或汇总单计算为 1 张，例如差旅费报销单后面粘贴了车票、飞机票、餐票等，则该差旅费报销单连同发票计算为 1 张 |

（2）涉及资金收付的记账凭证附件的要求如表 13-3 所示。

**表 13-3 记账凭证的附件要求**

| 序号 | 内容 | 附件要求 |
|---|---|---|
| 1 | 更正错误的记账凭证 | 可以不附原始凭证 |
| 2 | 其他记账凭证 | 后面必须附上原始凭证 |
| 3 | 1 张原始凭证只对应 1 张记账凭证 | 原始凭证附在记账凭证后面 |
| 4 | 1 张原始凭证对应多张记账凭证 | 原始凭证附在 1 张主要的记账凭证后面，其他记账凭证的附件处理方式有 2 种：<br>1.其他凭证后面不附附件，在记账凭证摘要栏写上"附件见某年某月某号凭证"，以便查找<br>2.其他凭证后面附上原始凭证复印件，记账凭证摘要栏可以写上"原始凭证原件见某年某月某号凭证" |
| 5 | 原始凭证所列支的费用需要几个企业共同承担 | 1.本企业保留原始凭证原件，附件为原始凭证原件及分割单<br>2.本企业无原始凭证原件，附件为原始凭证复印件及分割单 |

表 13-4 列举了一些特殊的收付结算业务发生后所需的记账凭证附件。

**表 13-4 特殊业务的附件清单**

| 序号 | 业务类型 | 附件清单 |
|---|---|---|
| 1 | 对外进行投资 | 合作协议、股东会决议、收款收据、银行回单等 |
| 2 | 收到股东投资款 | 银行回单、收款收据等 |
| 3 | 收到股权分红 | 股东分红通知书、银行回单等 |

续表

| 序号 | 业务类型 | 附件清单 |
|---|---|---|
| 4 | 进行股权分红 | 股东会决议、银行回单、投资方开具的收据等 |
| 5 | 对投资的企业减资 | 股东会决议、银行回单等 |
| 6 | 进行自身减资 | 股东会决议、章程修正案、验资报告、减资公告、银行回单、投资方开具的收据等 |
| 7 | 购买股权 | 原验资报告、股权转让协议、银行回单、评估报告 |
| 8 | 出售股权 | 股权转让协议、银行回单、转让方开具的收据 |
| 9 | 转让股权 | 股权转让协议、股东会决议、章程修正案、变更申请书等工商备案资料 |

# 13.2 审核及更正记账凭证

在根据登记好的记账凭证登记账簿之前，为了保证登记账簿所依据的记账凭证的准确性、真实性、完整性，还需要对记账凭证进行审核。如果此时发现记账凭证出现差错，可以及时更换记账凭证。但如果已经登记完账簿，就需要采用其他方法来更正记账凭证。

## 13.2.1 如何审核记账凭证

如果根据错误的记账凭证登记账簿，不但事后查找麻烦，而且还需要做大量订正的工作。因此，如果记账凭证在登账之前能够通过审核，就会减少差错。记账凭证的审核内容可参考表 13-5 所示的内容。

### 表 13-5 记账凭证的审核内容

| 序号 | 审核项目 | 审核说明 |
|---|---|---|
| 1 | 记账凭证与原始凭证核对内容是否一致 | 将记账凭证与原始凭证或原始凭证汇总表进行核对，审核内容是否一致 |
| 2 | 记账凭证与原始凭证汇总表核对内容是否一致 | |
| 3 | 是否填写完整 | 审核记账凭证日期、凭证编号、摘要、会计科目、金额、附件数量、相关人员签章等是否填写完整 |
| 4 | 记账凭证编号是否连续 | 审核凭证编号是否连续，是否存在重号、漏号的情况 |

续表

| 序号 | 审核项目 | 审核说明 |
|---|---|---|
| 5 | 会计科目是否使用正确 | 1. 查看会计科目是否按照统一的会计制度进行填制<br>2. 会计科目借贷方是否填写正确<br>3. 明细科目是否根据原始凭证进行合理设置<br>4. 会计科目是否按照原始凭证所发生的经济业务进行填制 |
| 6 | 金额是否准确 | 金额是否与原始凭证金额一致，计算是否正确 |
| 7 | 记账凭证附件是否齐全 | 1. 审核除了结账、更正错误的记账凭证外，其他凭证后面是否都有附件<br>2. 原始凭证数量是否与记账凭证上所填写的张数相符<br>3. 单独保管的原始凭证附件，是否在摘要栏填写清楚 |
| 8 | 文字、数字是否清晰、工整 | 1. 检查记账凭证文字、数字是否填写清楚、符合要求<br>2. 填写错误的凭证是否按规定进行了更正 |
| 9 | 是否加盖"收讫""付讫"戳记 | 检查记账凭证后附的原始凭证是否加盖"收讫""付讫"戳记 |
| 10 | 借贷方数字是否相等 | 核对记账凭证借方、贷方合计数是否相等 |

## 13.2.2　如何更正记账凭证

出纳发现记账凭证登记错误后，需要对其进行更正。更正记账凭证常用的三种更正方法如表13-6所示。

### 表13-6　常用的三种更正方法

| 更正方法 | 适用条件 | 更正流程 | 注意事项 |
|---|---|---|---|
| 划线更正法 | 结账前发现账簿记录存在文字或者数字错误，但凭证不存在问题 | 1. 在错误的文字或者数字上水平画一道红线注销<br>2. 在红线上方填写正确的文字或数字，并加盖记账人员的印章 | 1. 画红线注销时，必须使原有字迹仍可辨识<br>2. 错误数字那一栏应全部画红线，不能只更正其中的错误数字<br>3. 对错误文字，可以只画去错误的部分进行更正 |
| 红字更正法 | 已登记入账的凭证，当年发现，借贷方科目填写错误 | 1. 用红字填写一张与原内容相同的记账凭证，摘要栏注明"订正某年某月某日某号凭证"，并用红字登记在账本上<br>2. 用蓝字填写一张正确的凭证，摘要栏写"更正某年某月某日某号凭证" | |

续表

| 更正方法 | 适用条件 | 更正流程 | 注意事项 |
|---|---|---|---|
| 红字更正法 | 已登记入账的凭证，当年发现会计科目正确，但实填金额大于应填金额 | 用红字填写一张记账凭证，金额为正确数字与错误数字之间的差额，摘要栏写"冲销某年某月某日某号凭证多记的金额" | |
| 补充登记法 | 登记账簿后，发现记账凭证会计科目及借贷方向都填写正确，实际填写金额小于应填金额 | 用蓝字填写一张与原来借贷方向相同的凭证，金额为正确数字与错误数字之间的差额，摘要栏写"补记某年某月某日某号凭证少记的金额" | |

出纳人员在发现记账凭证做错时，可参考表13-7来选择适当的方式进行更正。

### 表13-7 凭证更正方式

| 序号 | 凭证状态 | | 更正方式 |
|---|---|---|---|
| 1 | 未登记账簿 | | 1. 重新填制正确的凭证<br>2. 作废或撕毁原有的错误凭证 |
| 2 | 已登记账簿 | 当年发现错误 | 有两种处理方式：<br>1. 使用红字更正法更正<br>2. 如果会计科目正确，金额错误，则可以按照正确数字与错误数字之间的差额，编制一张调整记账凭证 |
| | | 跨年发现错误 | 使用蓝字填制一张更正后的记账凭证 |

# 第 14 章　如何登记和管理账簿

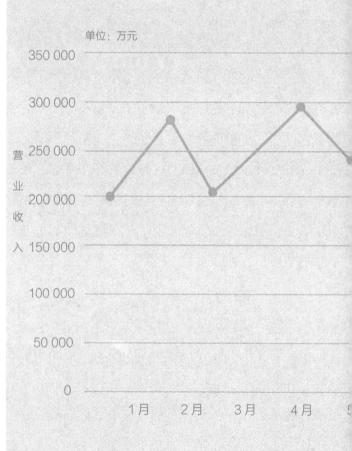

单位：万元

营业收入

350 000

300 000

250 000

200 000

150 000

100 000

50 000

0

1月　2月　3月　4月　5

7月    8月    9月    10月    11月    12月
间

出纳人员每天需要根据发生的财务收支结算业务，登记现金日记账和银行存款日记账，以此来系统、全面地反映单位的经济活动和财务收支情况。本章的主要内容包括账簿启用及登记、账簿审核及结账等。

# 14.1  账簿启用及登记

出纳人员需要登记的会计账簿并不多，主要是银行存款日记账和现金日记账。有些出纳人员会根据原始凭证登记流水账作为辅助账簿，以便及时登记每一笔收付款的情况，达到日清的目的。

流水账作为辅助账簿，能够在及时性上发挥一定作用，但在会计核算的流程中，由于其并非根据记账凭证编制的，存在较多限制。因此，流水账不能替代日记账。

会计账簿按照用途的不同，其分类内容如图 14-1 所示。本节不介绍流水账的编制。

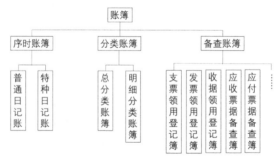

**图 14-1  会计账簿按照用途的分类**

## 14.1.1  如何启用账簿

出纳人员在启用账簿前，首先需要了解何时启用账簿。《中华人民共和国税收征收管理法实施细则 》（国务院令第 362 号）规定："从事生产、经营的纳税人应当自领取营业执照或者发生纳税义务之日起 15 日内，按照国家有关规定设置账簿。"由此可了解账簿启用时间。

根据图 14-1，可以看出出纳人员日常工作中需要登记的账簿是序时账簿（又称日记账）和备查账簿。序时账簿中，出纳人员需要登记的是现金日记账和银行存款日记账；备查账簿，由出纳人员根据企业的具体经济业务情况，决定是否设置相关账簿。

这里以日记账为例，说明启用账簿的流程，如表 14-1 所示。

**表 14-1  启用账簿的流程**

| 步骤 | 账簿的构成 | 内容 | 需要进行的操作 |
|------|------------|------|----------------|
| 第一步 | 封面 | 账簿名称 | 由于现在市场上出售的日记账，普遍已在封面上印制好"现金日记账""银行存款日记账"字样，因此无须手写账簿名称 |
| 第二步 | 扉页 | 单位名称 | （1）根据企业实际情况，如实填写内容<br>（2）加盖公章<br>（3）经管人员需要签名并加盖个人印章（经管人员，是指会计机构负责人、会计主管人员、记账人员等） |
| | | 账簿名称 | |
| | | 账簿启用日期 | |
| | | 账簿起止页数 | |
| | | 经管人员 | |
| | | 移交人和移交日期 | 出纳人员在年中办理移交时，需双方及监交人签名或盖章，并写明移交和接管日期 |
| | | 接交人和接交日期 | |
| | | …… | |
| 第三步 | 账页 | 会计科目或明细科目 | （1）账簿的登记方法，见 14.1.2 小节<br>（2）现金日记账或银行存款日记账账簿，如果没有印刷顺序号，应从第一页到最后一页编写页数，不能跳页或者缺号 |
| | | 记账日期 | |
| | | 记账凭证的种类 | |
| | | 记账凭证的号数 | |
| | | 摘要栏 | |
| | | 金额栏 | |
| | | 总页次和分页次 | |
| | | …… | |

北京宗诚恭制造有限公司 2022 年现金日记账的扉页如图 14-2 所示。

账簿启用登记和经管人员一览表

| 单位名称 | 北京宗诚恭制造有限公司 | | | | | | 公章 | |
|---|---|---|---|---|---|---|---|---|
| 账簿名称 | 现金日记账 | | | | | | | |
| 账簿编号 | 第1册 | | | | | | | |
| 账簿页数 | 100页 | | | | | | | |
| 启用日期 | 2022年1月1日 | | | | | | | |
| 经管人员 | 经管本账簿人员一览表 | | | | | | | |
| | 单位负责人 | | 单位财务负责人 | | 主管会计 | | 记账人员 | |
| | 姓名 | 签章 | 姓名 | 签章 | 姓名 | 签章 | 姓名 | 签章 |
| | 汪强 | 王强之印 | 司绘 | 司绘 | 杜知 | 杜知 | 刘泉 | 刘泉 |
| 交接记录 | 接管人 | | | 移交人 | | | 监交人 | |
| | 年 | 月 | 日 | 签名 | 盖章 | 年 | 月 | 日 | 签名 | 盖章 | 签名 | 盖章 |

**图 14-2　北京宗诚恭制造有限公司 2022 年现金日记账扉页**

## 14.1.2　如何登记账簿

在企业普遍使用财务软件的今天，制单人员通过财务软件编写好记账凭证，即可自动生成各种账簿，那为什么还需要了解手工账呢？

万变不离其宗，不同的财务软件设计的基础会计理论是一样的，只不过通过不同方式展示出来。如果懂得具体的操作原理，那么不管使用哪种记账软件，都可以快速上手，甚至还可以给财务软件提供优化建议。表 14-2 为填写现金日记账和银行存款日记账的操作方式。

**表 14-2　填写现金日记账和银行存款日记账的操作方式**

| 序号 | 内容 | 操作方式 |
|---|---|---|
| 1 | 账本的选择 | 出纳人员在选择现金日记账和银行存款日记账账簿时，应使用订本账簿，不能使用活页账簿等其他账簿 |
| 2 | 笔的选择 | （1）使用蓝黑墨水或者碳素墨水登记账簿，不要使用圆珠笔或者铅笔<br>（2）红色的中性笔用于结账画线、冲销、调整账务和更正错误记录等 |
| 3 | 规范填写文字、数字 | 文字紧靠左线，数字紧靠下线（数字一般自左往右倾斜大约60度~70度），上方要留出空隙，一般为格距的二分之一，以方便后期发现错误时进行更正 |
| 4 | 登记审核凭证 | 虽然在编制记账凭证时，已经对原始凭证进行了审核，但是记账人员在记账前仍然应再次审核凭证 |

续表

| 序号 | 内容 | 操作方式 |
|---|---|---|
| 5 | 登记日期 | 根据记账凭证的日期、凭证编号、业务内容摘要、金额进行填写,需要做到文字及数字内容准确清楚、字迹工整,并且要及时登记,不要积压凭证 |
| 6 | 登记凭证编号 | |
| 7 | 登记业务内容摘要 | |
| 8 | 登记金额 | |
| 9 | 更正账簿错误 | 发现登记错误,不得涂改、刮擦、挖补、用褪色药水或修正液等进行更改,具体更正方式详见13.2.2小节内容 |
| 10 | 记账凭证上做好已登账的符号 | 登记好账簿后,在记账凭证上做已经登账的符号(例如打√等),避免出现漏记、重记、错记的情况 |
| 11 | 空行、空页的处理 | (1)空行、空页用红色墨水画对角线来注销,或注明"此行空白""此页空白"字样,同时记账人员要签名或盖章<br>(2)不得随意撕毁或销毁账页 |

不管是手工账还是电子账,都需要出纳人员根据收付结算的记账凭证,每日逐笔进行记录。如果是手工账,还需要根据"上日余额+本日收入-本日支出=本日余额"的公式,分别逐日结出库存现金和银行存款的余额,并与库存现金实存数以及银行对账单进行核对,以核对是否存在账实不符的情况。

## 14.1.3 备查账簿样式

现金日记账和银行存款日记账,反映的是现金和银行存款的收支以及结余变化,并不能直观地反映票据、备用金等的收支及结余变化。因此各企业为了满足日常管理需要,结合自身经营特点,设置了备查账簿。下面列举常用备查账簿格式。

### 1. 支票领用登记簿

为了规范支票的使用,做到领用、支付有迹可循,在使用支票时,需要出纳人员、领取人在支票领用登记簿上签字,具体如表14-3所示。

**表14-3 支票领用登记簿**

_____公司支票领用登记簿

第 页

| 日期 | 支票类别 | 支票号码 | 收款单位 | 金额 | 用途 | 领用人 | 审批人 |
|---|---|---|---|---|---|---|---|
| | | | | | | | |
| | | | | | | | |

## 2. 发票领用登记簿

为了加强发票的管理，跟踪发票的传递路径，落实使用发票的人员，领用发票的经办人应在发票领用登记簿上签字，具体如表 14-4 所示。

### 表 14-4　发票领用登记簿

_____公司发票领用登记簿

第　　页

| 序号 | 客户名称 | 发票票面信息 | | | | | 领取人签收 | |
|---|---|---|---|---|---|---|---|---|
| | | 开票日期 | 发票号码 | 专/普票 | 发票内容 | 发票金额 | 领取人签名 | 领取时间 |
| | | | | | | | | |
| | | | | | | | | |
| | | | | | | | | |

## 3. 收据领用登记簿

为了保证企业资金的安全，加强收据的管理，记录使用收据的人员，领用收据的经办人员应在收据领用登记簿上签字，具体如表 14-5 所示。

### 表 14-5　收据领用登记簿

_____公司收据领用登记簿

第　　页

| 序号 | 收据起止号码 | 领用日期 | 领用人签字 | 交回时间 | 已开收据总金额 | 作废份数 | 入账情况 | 审核人签字 |
|---|---|---|---|---|---|---|---|---|
| | | | | | | | | |
| | | | | | | | | |

## 4. 应收票据备查簿

为了对企业收到的票据进行有序管理，定期清点票据，跟踪票据收取、开具情况，在收到和开具票据时，出纳人员应在应收票据备查簿上登记，具体如表 14-6 所示。

## 表14-6　应收票据备查簿

_____公司应收票据备查簿

票据种类：_____　　　　　　　　　　　　　　　　　　　　　　　　　　第　　页

| 年 | | 凭证 | | 摘要 | 合同字号 | 票据基本情况 | | | | 承兑人 | 背书人 | 贴现 | | | 承兑 | | 转让 | | |
|---|---|---|---|---|---|---|---|---|---|---|---|---|---|---|---|---|---|---|---|
| 月 | 日 | 字 | 号 | | | 票据号码 | 出票日期 | 到期日期 | 票据金额 | | | 日期 | 贴现率 | 净额 | 日期 | 金额 | 日期 | 受理单位 | 票面金额 | 实收金额 |
| | | | | | | | | | | | | | | | | | | | |
| | | | | | | | | | | | | | | | | | | | |

### 5. 应付票据备查簿

应付票据是企业在开户银行办理的票据，为了加强对应付票据的管理，出纳人员应在应付票据备查簿上登记，具体如表14-7所示。

## 表14-7　应付票据备查簿

_____公司应付票据备查簿

票据种类：_____　　　　　　　　　　　　　　　　　　　　　　　　　　第　　页

| 年 | | 凭证 | | 摘要 | 合同字号 | 票据基本情况 | | | | | | 到期付款 | | 延期付款 | | 是否结清 |
|---|---|---|---|---|---|---|---|---|---|---|---|---|---|---|---|---|
| 月 | 日 | 字 | 号 | | | 号码 | 出票日期 | 签发银行 | 到期日期 | 票面利率 | 收款人 | 金额 | 日期 | 金额 | 日期 | 金额 |
| | | | | | | | | | | | | | | | | |
| | | | | | | | | | | | | | | | | |

### 6. 应付债券备查簿

应付债券备查簿，一般用于应付债券，具体如表14-8所示。

**表 14-8　应付债券备查簿**

_____公司应付债券备查簿

种类：_____ 第　　页

| 发行总额 | 发行日期 | 编号 | 票面金额 | 票面利率 | 还本期限 | 还本方式 | 委托代售部门 | 代售金额 | 备注 |
|---|---|---|---|---|---|---|---|---|---|
| | | | | | | | | | |
| | | | | | | | | | |

# 14.2　账簿审核及结账

出纳人员发现账簿登记出现差错后，需要立即查出原因，并进行相应的修改。出纳人员在每月月末、每年年末还需要进行结账的工作。出纳人员如何查找错误原因并如何修改，到了月末、年末又该如何结账，这是本节所要介绍的内容。

## 14.2.1　如何审核账簿

为了保证企业资产安全、及时登记账簿、杜绝账簿登记中可能出现的漏洞，出纳人员应该对日记账进行审核，其他记账人员也可以不定期对日记账进行复核。账簿审核及更正方法可参考表 14-9 所示内容。

**表 14-9　账簿审核及更正方法**

| 序号 | 审核项 | 审核及更正方法 |
|---|---|---|
| 1 | 账账是否相符 | 将现金日记账与现金总账核对，银行存款日记账与银行存款总账核对，如不一致，需要找出原因并进行更正 |
| 2 | 账证是否相符 | 有两种抽查方式：<br>（1）顺查，根据凭证查看日记账是否完整记录收支业务，摘要是否一致<br>（2）逆查，根据日记账，查找相应凭证，确认两者是否相符、交易是否真实发生，摘要是否一致<br>如发现不一致，需查找原因并进行更正 |
| 3 | 账实是否相符 | （1）现金日记账与库存现金核对，如不相符，需要查找原因并进行更正<br>（2）银行存款日记账和银行对账单核对，如不相符，需要编制银行存款余额调节表<br>（3）账簿登记是否存在延期登记或漏记、错记情况，如存在，应及时更正 |

续表

| 序号 | 审核项 | 审核及更正方法 |
|---|---|---|
| 4 | 日记账与银行对账单内容是否相符 | 银行对账单上的内容是否均正确记录在日记账上，如有漏记或错记，或者摘要不准确，需要及时进行更正 |
| 5 | 账簿扉页信息是否填写齐全 | 信息是否有漏填或错填情况，如填写不齐全，需要补填 |
| | | 交接人信息是否填写齐全，如填写不齐全，需要补填 |
| 6 | 账簿是否存在跳行、跳页、缺页情况 | 查看日记账是否逐日逐页填写，如存在跳行、跳页、缺页情况，应更正 |
| 7 | 账簿书写及登记格式是否规范 | 参照表 14-2 中内容进行核对、更正 |

## 14.2.2　错账查找方法

日记账登记存在差错，往往可以从这几个方面查看：日记账期末余额和总账期末余额不相符，日记账的期末余额不等于期初余额加上本期收入额减去本期发生额的计算结果，账实不相符等。

出纳人员在发现账簿存在登记差错时，可以采取以下方式进行差错查找。

**1. 重新计算日记账**

从已确定的正确日记账余额开始算起，复核日记账余额是否计算正确，如发现错误，进行画线更正。

**2. 回忆收付结算情况，缩小查找范围**

如果账簿余额计算正确，出纳人员需要回忆这段时间发生的收付结算业务，进一步缩小查找范围，可以从以下几个方面进行查找。

（1）通过账账核对或者账证核对，来找出是否存在漏记、重记情况。

①通过回忆收付结算业务，确定是否存在某项收付结算业务未在账簿上记录。

②将凭证和账簿一一进行核对，查看是否有遗漏或者重记情况。

③通过日记账与总账核对，找出差异的金额，再与凭证核对。

④通过现金日记账和银行存款日记账进行核对，如果两本日记账分别比实际资金多了或少了相同金额，则很大概率就是会计科目使用错误，错把应登在这本日记账的数字，登记在另外一本日记账上了。如发现此类情况，对于重复记录的日记账使用划线更正法进行更正，对于漏记的日记账使用补充登记法更正。

如果产生差异的原因是因为漏记，则用黑色或蓝色碳素笔补记；如果是因为重复记录，则用划线更正法进行更正。

（2）通过除2法，可以快速确定是否存在记账方向颠倒的情况，适用于日记账余额与货币资金的差额是偶数的情况。用差额除以2，即可得到记账方向颠倒的数字，再通过账簿查找这个数字，进一步确定是否存在记账方向颠倒的情况。通常来说，如果日记账余额比货币资金金额大，则是把贷方的金额误记在借方；如果金额小，则是把借方的金额误记在贷方。

如发现此类错误，需要同时使用划线更正法和补充登记法。

（3）通过除9法，可以确定是否有登记数字发生错位的情况，例如320元，误记成32元或者3 200元。记录成32元，简称大记小；记录成3 200元，简称小记大。除9法具体使用方式如下。

①大记小，（实际数 – 日记账余额）÷9，所得出的商数，即为登记错误的数字。

②小记大，（实际数 – 日记账余额）÷9×10，所得出的商数，即为登记错误的数字。

发现此类错误后，在账簿中查找，找到后使用划线更正法更正。

## 14.2.3 如何进行结账

为了保证会计信息的及时性、准确性，出纳人员应按时进行结账。结账的时间一般是在月末、季末和年末。

结账前应该按照表14-10所示的内容做结账前的准备工作。

**表 14-10 结账前的准备工作**

| 序号 | 准备工作 |
|---|---|
| 1 | 本期的经济事项已全部登记入账，如有漏记，应补充登记 |
| 2 | 结出账户的收入总额、支出总额和期末余额以及每日余额 |
| 3 | 将现金日记账的期末余额与库存现金进行核对，如有差异，应找出来，进行更正 |
| 4 | 将银行存款日记账的期末余额与银行对账单进行核对，如有差异，应找出来，进行更正或者编制银行存款余额调节表 |
| 5 | 将日记账期末余额和本期发生额与总账进行核对，如不一致，需要查找原因并进行更正 |

结账前的准备工作做好了，就应该进行现金日记账和银行存款日记账的结账。结账可参照表14-11所示内容进行。

表14-11　结账

| 序号 | 结账频率 | 结账方式 |
| --- | --- | --- |
| 1 | 月结 | 1.在日记账最后一笔记录下面，水平画一道通栏红线，代表本月业务结束<br>2.在红线下面结算出日记账本月借方发生额、本月贷方发生额和月末余额<br>3.在摘要栏写上"本月合计"<br>4.正常情况下，日记账账户余额为正数或0，因此"借或贷"栏目的填写方式如下。<br>（1）余额为正数，则在"借或贷"栏目填写"借"，在余额栏填写余额<br>（2）余额为0，则在"借或贷"栏目填写"平"，在余额栏的"元"位写上"θ"<br>5.在下面再水平画一道通栏红线，代表完成账簿月结的工作 |
| 2 | 季结或年结 | 1.在季末或者年末所在月份的月合计数下面，水平画一道通栏红线<br>2.在红线下面结算并登记出日记账本季或本年借方发生额、贷方发生额、季末或年末余额<br>3.在摘要栏写上"本季合计"或"本年合计"<br>4.正常情况下，日记账账户余额为正数或0，因此"借或贷"栏目的填写方式如下。<br>（1）余额为正数，则在"借或贷"栏目填写"借"，在余额栏填写余额<br>（2）余额为0，则在"借或贷"栏目填写"平"，在余额栏的"元"位写上"θ"<br>5.季结和年结下一步的处理分别如下。<br>（1）季结的处理方式，在本季合计下面水平画一道通栏红线<br>（2）年结的处理方式如下。<br>①在本年合计下面水平画一道通栏红线，代表完成了账簿年结的工作；如果是12月的本年合计，应在下面再画一道通栏红线，即下面一共画两道红线<br>②在摘要栏写上"结转下年"<br>6.在"结转下年"下面的空白行画对角线 |

在年初更换新的账簿时，应在第一张账页的第一行摘要栏写明"年初余额"或者"上年结转"，余额栏登记上年年末余额，同时在"借或贷"栏目写明借贷方向，登账的过程不需要填制记账凭证。

# 第 15 章 如何编制资金报表

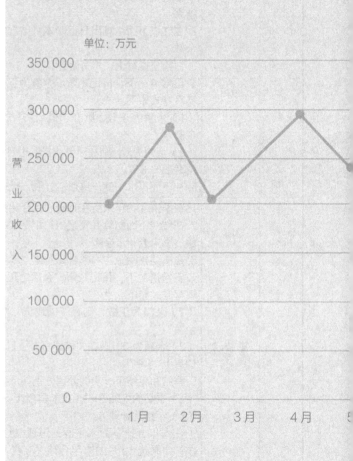

单位：万元

月    7月      8月      9月      10月     11月     12月

间

资金关系着公司的生存、发展，出纳作为资金管理人员，往往需要编制多维度的能反映资金变化的报表，来为管理者经营决策提供资金依据。

# 15.1 资金余额报表的编制

资金日（周／月）报表，又称出纳报告单、出纳报告表，反映公司一定时期和一定时点的货币资金情况。该表通俗易懂、简洁明了，能让报表使用人快速了解公司资金情况，便于管理者做出经营决策，并对出纳的工作进行管理、考核。

资金报表根据不同报表使用人的要求，格式有着较大的差异。资金余额报表主要有汇总表和明细表两种类型。

## 15.1.1 资金余额汇总表编制

资金余额汇总表，是管理者做出决策的资金数据依据。由于每家公司经营范围不一样、实际需求不一样，出纳在编制该表时，需要根据公司自身需求设计表格的内容，来满足管理者的需求。

不同公司的资金余额汇总表虽然内容不同，但都应包括期初余额、期末余额、本期收入金额、本期支出金额等基本项目。这些项目之间存在的钩稽关系应准确列示：期初余额 + 本期收入金额 − 本期支出金额 = 期末余额。

资金周报表及资金月报表统计的货币资金收支时间较长，但统计方式及编制内容与资金日报表相差不大。资金余额汇总表按不同的分类需求，也有不同的表现形式，以下是两种不同格式的表样，可根据报表使用人要求进行项目的增减和调整。

### 1. 单一公司或者合并汇总的资金余额汇总表

表 15–1 为资金余额汇总表（单一公司或者合并汇总报表），是按照单一公司或者多公司合并后的汇总资金情况进行编制的。

### 表15-1 资金余额汇总表（单一公司或者合并汇总报表）

公司（集团）名称：　　　　　年　月　日至　年　月　日　　　单位：元

| 序号 | 资金种类 | 期初余额 | 本期收入余额 | 本期支出余额 | 期末余额 |
|---|---|---|---|---|---|
| 1 | 库存现金 | | | | |
| 2 | 银行存款 | | | | |
| 3 | 有价证券 | | | | |
| 4 | 其他货币资金 | | | | |
| 5 | 合计 | | | | |
| 特别说明： | | | | | |

### 2. 体现多公司汇总的资金余额汇总表

表15-2为资金余额汇总表（多公司报表）。报表使用人同时管理着多家公司，出纳也同时管理这些公司的资金，那就需要按多公司的资金情况编制资金余额汇总表。

### 表15-2 资金余额汇总表（多公司报表）

　　年　月　日至　年　月　日　　　单位：元

| 序号 | 资金种类 | 公司名称 | 期初余额 | 本期收入余额 | 本期支出余额 | 期末余额 |
|---|---|---|---|---|---|---|
| 1 | 库存现金 | 小计 | | | | |
| | | 第1公司 | | | | |
| | | 第2公司 | | | | |
| | | …… | | | | |
| 2 | 银行存款 | 小计 | | | | |
| | | 第1公司 | | | | |
| | | 第2公司 | | | | |
| | | …… | | | | |
| 3 | 有价证券 | 小计 | | | | |
| | | 第1公司 | | | | |
| | | 第2公司 | | | | |
| | | …… | | | | |

续表

| 序号 | 资金种类 | 公司名称 | 期初余额 | 本期收入余额 | 本期支出余额 | 期末余额 |
|---|---|---|---|---|---|---|
| 4 | 其他货币资金 | 小计 | | | | |
| | | 第1公司 | | | | |
| | | 第2公司 | | | | |
| | | …… | | | | |
| 5 | 合计 | | | | | |
| 特别说明： | | | | | | |

　　出纳在编制资金日报表时，最好能在当天下班前就完成编制并发送给相关领导。如果当天确实无法完成编制，应向相关领导说明原因，并在第二天一上班就编制好发送给相关领导。出纳在编制资金日报表时，可根据现金日记账、银行存款日记账、网银数据等来编制。具体编制方式见表15-3。

**表 15-3　资金日报表的编制方式**

| 步骤 | 操作内容 |
|---|---|
| 第一步 | 当天发生的收付款业务依次登记在现金日记账和银行存款日记账上 |
| 第二步 | 将上期的期末数复制到本期的期初数栏目 |
| 第三步 | 根据现金日记账和银行存款日记账登记本期收入数和支出数 |
| 第四步 | 统计出汇总数及本期结存数 |
| 第五步 | 将第四步计算得出的数，与现金日记账余额及银行存款日记账余额核对，如不相符，需要找出原因，并更正 |
| 第六步 | 复核 |
| 第七步 | 发送给相关领导 |

## 15.1.2　资金余额明细表编制

　　有些公司的管理者需要更为详细的资金报表时，出纳需要根据管理者决策的需求，进一步提供更多内容的资金报表。表15-4相较表15-2，对公司的收入、支出提供了更为详细的内容，出纳在实际编制时，可根据公司需求增减项目。

### 1.体现资金余额的明细表

　　表15-4为资金余额明细表。该表清晰展现所有账户的明细项目，并以此来归集汇总表的数据。

## 表 15-4　资金余额明细表

公司名称：　　　　　年　月　日至　年　月　日　　　　　　　单位：

| 序号 | 资金种类 | 期初余额 | | 本期收入余额 | 本期支出余额 | 期末余额 |
|---|---|---|---|---|---|---|
| ① | 库存现金 | | | | | |
| ② | 银行存款 | 中行 ××××××××× | | | | |
| | | 工行 ××××××××× | | | | |
| | | 建行 ××××××××× | | | | |
| | | …… | | | | |
| | | 小计 | | | | |
| ③ | 有价证券 | 国库券 | | | | |
| | | 政府债券 | | | | |
| | | …… | | | | |
| | | 小计 | | | | |
| ④ | 其他货币资金 | 银行承兑汇票 | | | | |
| | | 商业承兑汇票 | | | | |
| | | 微信余额 | | | | |
| | | 支付宝余额 | | | | |
| | | …… | | | | |
| | | 小计 | | | | |
| ⑤ | 其他类资金 | 油卡 | | | | |
| | | 购物卡 | | | | |
| | | …… | | | | |
| | | 小计 | | | | |
| | 本期汇总数 ①＋②＋③＋④＋⑤ | | | | | |
| 特别说明： | | | | | | |

主管：　　　　　出纳：　　　　　复核：　　　　　制单：　　　　　制单日期：

### 2. 体现资金来源的明细表

表 15-5 为公司资金收支来源明细表。该表清晰展现资金收支对应项目的汇总和明细情况，此表汇总数应与汇总表数据相符。

233

### 表 15-5　公司资金收支来源明细表

公司名称：　　　　年　月　日至　年　月　日　　　　单位：元

| 项　目 | | 现金 | 银行存款 | | | | 其他收款方式 | | | | 合计 |
|---|---|---|---|---|---|---|---|---|---|---|---|
| | | | 中行 | 工行 | …… | 小计 | 微信收款 | 支付宝收款 | …… | 小计 | |
| 本期资金流入 | 货款资金流入 | | | | | | | | | | |
| | 贷款资金流入 | | | | | | | | | | |
| | 押金资金流入 | | | | | | | | | | |
| | 保证金资金流入 | | | | | | | | | | |
| | 银行取现金 | | | | | | | | | | |
| | 收回往来款 | | | | | | | | | | |
| | 其他资金流入 | | | | | | | | | | |
| | 资金流入小计 | | | | | | | | | | |
| 本期资金流出 | 采购资金流出 | | | | | | | | | | |
| | 偿还贷款 | | | | | | | | | | |
| | 贷款利息资金流出 | | | | | | | | | | |
| | 退还保证金 | | | | | | | | | | |
| | 现金存款 | | | | | | | | | | |
| | 工资性资金流出 | | | | | | | | | | |
| | 社保、住房公积金资金流出 | | | | | | | | | | |
| | 费用报销 | | | | | | | | | | |
| | 税费资金流出 | | | | | | | | | | |
| | 其他资金流出 | | | | | | | | | | |
| | 资金流出小计 | | | | | | | | | | |
| 上期余额 | | | | | | | | | | | |
| 本期资金流入 | | | | | | | | | | | |
| 本期资金流出 | | | | | | | | | | | |
| 本期余额 | | | | | | | | | | | |

主管：　　　　出纳：　　　　复核：　　　　制单：

表 15-5 的编制方式与表 15-4 的编制方式一致。

## 15.2　资金管理报表的编制

出纳在编制上述报表后，为了进一步给公司管理层提供决策依据，往往需要编制一些以资金用途为统计口径的报表，为了便于表述，这里统称为资金管理报表。

### 15.2.1　融资资金明细表的编制

公司为了满足发展需要，往往会向银行等金融机构贷款，为了保证及时偿还资金以及方便公司相关负责人对资金进行统筹安排，出纳需要定期编制融资资金明细表，为相关负责人提供决策依据。

融资资金明细表，需要重点统计融资金额、偿还方式、融资期限、偿还利息的时间、融资机构等信息，方便公司做出资金安排，避免还款逾期，导致公司信用受损。这里的融资不单单包括传统的银行贷款，还包括已对外支付的各种票据，这些票据由于尚未到付款期限，从广泛意义上来说，实际上也属于公司的一种融资方式。表 15-6 是某公司的融资资金明细表，其中就包含银行贷款和票据融资。

**表 15-6　融资资金明细表**

_____公司融资资金明细表

截止日期：　　年　　月　　日　　　　　　　　　单位：元

| 序号 | 融资类型 | | 融资机构 | 融资期限 | | 本金/票据金额 | 偿还方式 | 已偿还本金金额 | 待偿还本金余额 | 月利率（％） | 保证人/抵押（质押）物 | 本月利息 | |
|---|---|---|---|---|---|---|---|---|---|---|---|---|---|
| | | | | 起始日期 | 终止日期 | | | | | | | 偿还日期 | 偿还金额 |
| 1 | | 短期资金贷款1 | | | | | | | | | | | |
| 2 | | 短期资金贷款2 | | | | | | | | | | | |
| 3 | 银行贷款 | …… | | | | | | | | | | | |
| 4 | | 长期资金贷款1 | | | | | | | | | | | |
| 5 | | 长期资金贷款2 | | | | | | | | | | | |
| 6 | | …… | | | | | | | | | | | |
| 7 | | 小计 | | | | | | | | | | | |

续表

| 序号 | 融资类型 | | 融资机构 | 融资期限 | | 本金/票据金额 | 偿还方式 | 已偿还本金金额 | 待偿还本金余额 | 月利率(%) | 保证人/抵押(质押)物 | 本月利息 | |
|---|---|---|---|---|---|---|---|---|---|---|---|---|---|
| | | | | 起始日期 | 终止日期 | | | | | | | 偿还日期 | 偿还金额 |
| 8 | 应付票据 | 银行承兑汇票1 | | | | | | | | | | | |
| 9 | | 银行承兑汇票2 | | | | | | | | | | | |
| 10 | | …… | | | | | | | | | | | |
| 11 | | 商业承兑汇票1 | | | | | | | | | | | |
| 12 | | 商业承兑汇票2 | | | | | | | | | | | |
| 13 | | …… | | | | | | | | | | | |
| 14 | | 小计 | | | | | | | | | | | |
| 15 | 应付债券 | …… | | | | | | | | | | | |
| 16 | | 小计 | | | | | | | | | | | |
| 17 | 融资租赁 | …… | | | | | | | | | | | |
| 18 | | 小计 | | | | | | | | | | | |
| 19 | | 合计 | | | | | | | | | | | |

公司负责人：　　　　　　复核：　　　　　制单：　　　　　　制单日期：

表 15-6 中的"融资机构"，不仅包括银行，还包括小额贷款、网络或者民间贷款机构等。

## 15.2.2　应收款类资金表的编制

在实务中，对于主营业务之外的一些应收的款项，往往需要进行统计，以达到跟踪收款情况，尽快回笼资金，避免出现坏账、涉税风险等目的。这些应收的款项，包括但不限于表 15-7 中所示的内容。编制该表，可以达到梳理公司应收款项明细的目的，找到款项相关责任人，给公司管理层提供决策以及考核依据，同时有利于健全清查制度，防范公司出现应收款类坏账。

### 表 15-7 应收款类资金表

截止日期： 年 月 日 单位：元

| 序号 | 项目 | 往来款对象 | 经办人 | 发生日期 | 上期余额 | 本期增加额 | 本期减少额 | 期末余额 | 情况说明 | 备注 |
|---|---|---|---|---|---|---|---|---|---|---|
| 1 | 内部拆借资金 | | | | | | | | | |
| 2 | 代收代付款 | | | | | | | | | |
| 3 | 出租包装物租金 | | | | | | | | | |
| 4 | 存出保证金 | | | | | | | | | |
| 5 | 项目垫资款 | | | | | | | | | |
| 6 | 保险公司理赔款 | | | | | | | | | |
| 7 | 备用金借款 | | | | | | | | | |
| 8 | 股东借款 | | | | | | | | | |
| 9 | 员工个人借款 | | | | | | | | | |
| 10 | 合计 | | | | | | | | | |

公司负责人： 复核： 制单： 制单日期：

这里有一点需要注意的是，公司的股东从公司借款，在纳税年度终了后，没有把款项归还给公司，这笔款项也没有用于公司生产经营，那么这部分没有归还的款项，可能被认为是公司对个人投资者的分红，需要按照"利息、股息、红利所得"项目（税率为 20%）计征个人所得税。

公司作为扣缴义务人，未对这部分款项扣缴个人所得税，面临着"应扣未扣、应收未收税款百分之五十以上三倍以下罚款"的风险。所以，出纳人员可以适当提醒相关责任人或者主管会计，对这部分款项进行及时回收或其他处理。

## 15.2.3 应付款类资金表的编制

在实务中，对于与主营业务没有直接关系的一些应付款项或者暂收其他单位或个人的款项，需要进行统计，以达到跟踪款项支付进度、合理安排资金的目的。这些款项，包括但不限于表 15-8 中所示的内容。编制该表，可以达到梳理公司应付款项明细的目的，给公司管理层提供决策以及考核依据。

**表 15-8　应付款类资金表**

截止日期：　　年　　月　　日　　　　　　　　　　　　　单位：元

| 序号 | 项目 | 往来款对象 | 经办人 | 发生日期 | 上期余额 | 本期增加额 | 本期减少额 | 期末结存额 | 情况说明 | 备注 |
|------|------|-----------|--------|---------|---------|-----------|-----------|-----------|---------|------|
| 1 | 尚未领取的职工津贴 | | | | | | | | | |
| 2 | 尚未领取的职工工资 | | | | | | | | | |
| 3 | 租入固定资产租金 | | | | | | | | | |
| 4 | 租入包装物租金 | | | | | | | | | |
| 5 | 存入保证金 | | | | | | | | | |
| 6 | 赔款 | | | | | | | | | |
| 7 | 罚金 | | | | | | | | | |
| 8 | 统筹退休金 | | | | | | | | | |
| 9 | 合计 | | | | | | | | | |

公司负责人：　　　　　复核：　　　　　制单：　　　　　制单日期：

## 15.2.4　预收预付资金表的编制

出纳有时候需要编制预收款明细表、预付款明细表。

预付账款对应"先付款后收货"，例如企业提前向供货商支付采购款，或者企业去办一张油卡或者购物卡，这时候企业已经把款项支付给对方了，但是还没有收到货物或者享受服务，所以这部分款项是企业的预付账款。对于企业来说预付账款的风险在于，支付了款项，没收到货物或者没享受服务，所以需要编制预付账款资金明细表（见表15-9）来监控这部分款项。

**表 15-9　预付账款资金明细表**

截止日期：　　年　　月　　日　　　　　　　　　　　　　单位：元

| 序号 | 收款方 | 事由 | 发生时间 | 期初余额 | 本期发生额 | 期末余额 |
|------|--------|------|---------|---------|-----------|---------|
| 1 | | | | | | |
| 2 | | | | | | |
| 3 | | | | | | |

续表

| 序号 | 收款方 | 事由 | 发生时间 | 期初余额 | 本期发生额 | 期末余额 |
|---|---|---|---|---|---|---|
| 4 | | | | | | |
| 5 | | | | | | |
| 合计 | | | | | | |

公司负责人：　　　　　复核：　　　　制单：　　　　制单日期：

预收账款对应"先收款后发货"，例如客户消费时充值办理会员卡，或者买房时先支付款项，这时候企业已经收到款了，但是还没有提供服务或产品等，因此这部分款项是企业的预收账款。企业收到预收账款，一般已经与客户签订合同，如果无法按照约定提供产品或者服务，那么企业可能面临着支付违约金、滞纳金等风险，因此需要编制预收账款资金明细表（见表 15-10）来监控这部分款项。

### 表 15-10　预收账款资金明细表

截止日期：　　年　　月　　日　　　　　　　　　单位：元

| 序号 | 付款方 | 事由 | 发生时间 | 期初余额 | 本期发生额 | 期末余额 |
|---|---|---|---|---|---|---|
| 1 | | | | | | |
| 2 | | | | | | |
| 3 | | | | | | |
| 4 | | | | | | |
| 5 | | | | | | |
| 合计 | | | | | | |

公司负责人：　　　　　复核：　　　　制单：　　　　制单日期：

## 15.2.5　项目资金表的编制

在企业里，但凡能称得上"项目"的，一般都是持续时间比较长、需要投入较多资金的经济活动。例如企业做项目研发，研究芯片、新能源、碳中和等，这些项目都会持续一个月甚至一年以上，需要源源不断地投入资金。

比如企业需要加盖一间厂房，那么在概算出总金额后，就需要根据工程进度支付工程款。由于厂房建设周期长，企业需要根据项目预算表或者计划表，做好项目资金支付进度的统计，并保证企业资金充足，足以按时支付这些款项。企业在编制项目资金表时，可参照表 15-11 所示内容。

### 表 15-11  项目资金表

_____公司项目资金表

截止日期：      年    月    日                                单位：万元

| 序号 | 项目名称 | 项目开始时间 | 概算总金额 | 期初已支付金额 | 本期支付金额 | 已支付金额合计 | 待支付金额合计 |
|------|----------|--------------|------------|----------------|--------------|----------------|----------------|
| 1 |  |  |  |  |  |  |  |
| 2 |  |  |  |  |  |  |  |
| 3 |  |  |  |  |  |  |  |
| 4 |  |  |  |  |  |  |  |
| 5 |  |  |  |  |  |  |  |
| 合计 |  |  |  |  |  |  |  |

公司负责人：          复核：          制单：          制单日期：

## 延伸阅读

扫码即可观看
延伸阅读精讲内容